Tanja Kurz

7 TIPPS *für* 7 TYPEN

# Hohenlohe

Silberburg-Verlag
www.silberburg.de

7 TIPPS für 7 TYPEN

# Hohenlohe

TANJA KURZ

FAMILIEN

GENUSSMENSCHEN

KULTURFANS

NATURBURSCHEN

QUALITÄTSBEWUSSTE

ROMANTIKER

SPORTSFREUNDE

49 ERLEBNISSE IM GENIESSERLAND

**Tanja Kurz,** gebürtige Hohenloherin (Jahrgang 1959), studierte in Tübingen und Hamburg Germanistik und Geschichte. Sie volontierte bei der Heilbronner Stimme, war lange Jahre Redakteurin bei den Stuttgarter Nachrichten und 2010 bis 2012 Chefredakteurin des Haller Tagblatts. Als freie Journalistin ist sie heute viel in ihrer Heimat unterwegs und lernt die Region aus einer neuen Perspektive kennen.

1. Auflage 2017


Umschlaggestaltung: Christoph Wöhler, Tübingen, unter Verwendung einer Fotografie von Roland Bauer.
Druck: Grammlich, Pliezhausen.
Printed in Germany.

ISBN 978-3-8425-2017-2

# Vorwort

Früher als Geheimtipp gehandelt, ist Hohenlohe heute eine der beliebtesten Urlaubsregionen in Baden-Württemberg. Dafür gibt es gute Gründe.

Naturburschen und -mädels etwa schätzen die nahezu unberührten Naturparadiese rund um die drei prägenden Flüsse Kocher, Jagst und Tauber. Die drei Haupt- und ihre zahlreichen Nebenflüsse und -bäche haben tiefe Täler in die Hohenloher Ebene geschnitten, die für Sportsfreunde auf dem Fahrrad oder zu Fuß wirkliche Herausforderungen bieten.

In der bis heute landwirtschaftlich geprägten Region werden mit Schwäbisch-Hällischem Schweinefleisch, Boeuf de Hohenlohe und Limpurger Rind Spezialitäten erzeugt, die bei Proviantsuchern im ganzen Land zu Recht den besten Ruf genießen. Der Feinkostladen Baden-Württembergs gilt längst als beliebtes Ziel für Genussmenschen, die in den schönen Gastwirtschaften einkehren.

Das geschichtsträchtige Land der Burgen und Schlösser, nicht nur derer von Hohenlohe, lockt Kulturfans in die Zentren der Kultur wie die ehemals Freie Reichsstadt Schwäbisch Hall, ins gemütliche Öhringen oder die Kurstadt Bad Mergentheim. Romantiker suchen ihre Ziele abseits der großen Routen und finden sie am idyllischen Jagstufer oder in zauberhaften Städtchen wie Forchtenberg. Familien schätzen die vielen Möglichkeiten, ihren Kindern spielerisch Geschichte und Natur näherzubringen.

»Die Zeit, so scheint es, ist stehen geblieben in diesem stillen und beschaulichen Landstrich«, rühmte einst der Dichter Eduard Mörike Hohenlohe. Das mag im 19. Jahrhundert gegolten haben. Denn so geschichtsträchtig das vielgestaltige Land im Nordosten Württembergs, an der Grenze zum Bayerischen, ist: Die Zeit ist auch in Hohenlohe nicht stehen geblieben.

Die Region ist wenigstens mit dem Auto zufriedenstellend erschlossen – von der Bahn wollen wir nicht sprechen – und damit von allen Teilen Deutschlands aus gut erreichbar. Die viel diskutierte Energiewende lässt überall Windräder aus dem Boden wachsen und hat demzufolge nicht nur Freunde. Im einst wirtschaftlichen Notstandsgebiet sind heute zahlreiche florierende Unternehmen beheimatet, die mit guten Verdienstmöglichkeiten Fachkräfte nach Hohenlohe locken. Und doch hat man es hier verstanden, die Schönheit und ursprüngliche Vielfalt der Landschaft für sich, seine Nachfahren und die vielen Gäste zu bewahren.

»7 Tipps für 7 Typen – Hohenlohe« ist dieser kleine Führer überschrieben, der Entdeckungsreisen in den Hohenlohekreis, den Kreis Schwäbisch Hall sowie den Altkreis Bad Mergentheim empfiehlt. Er enthält Bekanntes, weniger Bekanntes und weitgehend Unbekanntes. Hohenlohe-Kenner werden vieles wiedererkennen, so manches vermissen und von einigem überrascht sein. Doch 7 mal 7 ergeben nun mal 49 ganz persönliche Tipps für Naturburschen beziehungsweise -mädels, Sportsfreunde, Proviantsucher, Genuss- oder Familienmenschen, Romantiker oder Kulturfans.

Welcher Typ sind Sie? Diese Frage spielt letztlich gar keine entscheidende Rolle. Auch Sportsfreunde sind schließlich nach getaner Tat Genüssen nicht abgeneigt, und Kulturfans sind auch auf der Suche nach kulinarischen Besonderheiten. Stellen Sie sich also Ihr Programm zusammen und entdecken Sie mein Hohenlohe!

*Tanja Kurz*

*Die Region Hohenlohe punktet bei Familien mit Kindern dank Abenteuern in ursprünglicher Natur sowie mit wilden und zahmen Tieren. Zeugnisse der Vergangenheit bieten kleinen Besuchern spannende Einblicke in die Geschichte.*

**FAMILIEN**
GENUSSMENSCHEN
KULTURFANS
NATURBURSCHEN
QUALITÄTSBEWUSSTE
ROMANTIKER
SPORTSFREUNDE

BAD MERGENTHEIM | **WILDPARK**

# *Nacht mit den Wölfen*

Im Wildtierpark Bad Mergentheim leben mehr als 70 Tierarten auf 25 Hektar Fläche. Was ihn von anderen Zoos unterscheidet: Es gibt kaum Maschendraht, Käfige und Gitter. Das macht die Wolfsnacht im Wildtierpark für Klein und Groß so spannend.

Mit bis zu 30 Wölfen lebt im Wildpark das wohl größte Rudel in Europa. Rund um den Wolf haben sich die Betreiber ein besonderes Programm ausgedacht: Bei der Wolfsnacht können Familien im Zelt direkt neben den Tieren übernachten. Aber keine Angst, Wölfe sind sehr scheu.

Der Abend beginnt am Lagerfeuer, an dem sich die 35-köpfige Gruppe mit Bratwurst und Stockbrot stärkt. Wenn die Nacht hereinbricht, wird das Lager errichtet. »Dann wird's richtig spannend«, verspricht Mendi Ala vom Wildtierpark. Am Lagerfeuer erzählt der Tierpfleger aus dem faszinierenden Leben eines Wolfsrudels und wie der Wolf zum Hund wurde. Wenn es auf Mitternacht zugeht, ist Gänsehaut garantiert: Das durch Mark und Bein gehende Wolfsgeheul beginnt. Genächtigt wird später im Schlafsack auf Stroh. Wenn der Morgen graut, wird das Lager abgebrochen. Zum Abschluss gibt's ein gemeinsames Frühstück im Wald. Kein Wunder, dass die Wolfsnacht so erfolgreich und ständig ausgebucht ist. Frühzeitige Anmeldung wird also empfohlen. Pro Kind kostet die Wolfsnacht 30 Euro, Erwachsene zahlen 33 Euro.

Viel zu erleben ist im Wildtierpark aber immer. Steinböcke und Mufflons, Greifvögel und Luchse, Geier und Elche leben auf dem weitläufigen Gelände und können zweimal am Tag in ihrer natürlichen Umgebung bei der Fütterung aus der Nähe beobachtet werden. Noch näher kommen die Kinder den Tieren auf dem Spielbauernhof, wo Schweine, Ziegen und Rinder sogar gestreichelt werden können. Was diese Tiere und auch Schafe, Enten,

Hühner und Esel so alles können, zeigen sie den Besuchern bei unterhaltsamen Haustiervorführungen.

Der Wildtierpark Bad Mergentheim ist von Mitte März bis Anfang November täglich von 9 bis 18 Uhr geöffnet. Der Eintritt kostet für Kinder (bis 14 Jahre) 6,50 Euro, für alle anderen 10 Euro. Dank Jägerstube und Waldschenke muss niemand hungrig bleiben. Für einen Kindergeburtstag können Grillstellen in der Grillhütte gemietet werden. Auch in den Sommerferien wird es Kindern garantiert nicht langweilig: Beim Rittertag werden Schwert und Schild gebastelt, beim Matschnachmittag wird – klar – im Matsch getobt und beim Indianertag geht's mit Kopfschmuck und Kriegsbemalung auf die Jagd.

---

**WILDPARK BAD MERGENTHEIM**
Wildpark 1
97980 Bad Mergentheim
Telefon (0 79 31) 56 30 50
www.wildtierpark.de

## GERABRONN | DIE KLEINE SCHWEINESCHULE

# *Streicheln erwünscht*

Wo Kerstin Gronbach auftaucht, sind Kinder nicht weit. Die Bäuerin aus Michelbach an der Heide hat nämlich etwas auf ihrem Hänger, was die meisten wohl noch nie live gesehen haben: lebendige Ferkel.

Dicht an dicht gedrängt schlafen die schwarz-weißen Schweinchen dort auf Stroh. Erst ein bisschen scheu, dann immer neugieriger klettern die Jungs und Mädchen nach und nach die kleine Rampe hoch, um sich die Tiere ganz aus der Nähe anzusehen, sie zu streicheln und zu bürsten. In der kleinen Schweineschule ist Streicheln nämlich ausdrücklich erlaubt. Die Ferkel lassen sich die Liebkosungen offensichtlich gerne gefal-

len. Als reinen Streichelzoo will Kerstin Gronbach den Auftritt mit den Tieren freilich nicht verstanden wissen. »In der kleinen Schweineschule lernen nicht die Schweine, sondern Kinder lernen etwas über Schweine«, sagt sie.

Woher kommt das Fleisch? Wozu brauchen wir Bauern? Fragen, die Kerstin Gronbach beantwortet und dabei Wissenswertes aus dem Leben der Schweine vermittelt. Sich selbst an der Gitarre begleitend, singt und grunzt sie Lieder vom Leben auf dem Bauernhof, vom Mähdrescher, vom Müller, vom Schweinemüsli – und vom Metzger. »Denn jetzt kommt das, was niemand hören will«, sagt sie und macht den Kindern unmissverständlich klar: »Auch meine Schweine werden irgendwann geschlachtet. So kleine Ferkel«, schiebt sie nach, »natürlich noch nicht.«

Wer Fleisch isst, sollte wenigstens einmal im Leben in einem Schweinestall gewesen sein, ist Kerstin Gronbachs Überzeugung: »Deshalb gehe ich mit meinem auf Tour.« In Schulen, Kindergärten und auf Veranstaltungen ist die Bäuerin mit ihren Ferkeln eine Attraktion. »Pädagogisch wertvoll und immer schweinisch gut drauf« bindet Kerstin Gronbach mit den Kindern etwa kleine Strohballen und lässt sie so mit allen Sinnen das Thema Bauernhof erleben.

Das ist auch vor Ort möglich, auf Kerstin Gronbachs Bauernhof in Michelbach an der Heide bei Gerabronn. Bei Schülerprojekttagen oder beim Kindergeburtstag können Jungs und Mädchen Erfahrungen fürs Leben machen, Bauer und Bäuerin sein und bei jeder Arbeit auf dem Hof, im Stall und in der Küche mithelfen. Wer einmal gerne Schweine füttern, ausmisten und allen Tieren wieder ein frisches Strohbett machen möchte, ist willkommen – natürlich mit Anmeldung. Übernachtet wird stilecht im Heu.

---

**DIE KLEINE SCHWEINESCHULE**
Kerstin Gronbach
Dorfstraße 48
74582 Gerabronn-Michelbach an der Heide
Telefon (0 79 52) 56 89
www.schweineschule.de

MAINHARDT | **NATURERLEBNISPFAD**

# *Ratefüchse auf Fuxis Spuren*

Spaß, Spiel und jede Menge Informationen rund um die Natur bietet der Fuxi-Pfad im Mainhardter Ortsteil Mönchsberg. Für Familien mit Kindern ist die idyllische Strecke mit ihren 19 unterhaltsamen Erlebnisstationen ein tolles Ziel.

»Mutti, ich will zum Specht!« Kaum sind die Kinder aus dem Auto geklettert, melden sie erste Wünsche an. Die Kleinen kennen sich aus, denn viele Familien sind in Sachen Fuxi-Pfad Wiederholungstäter. Kein Wunder: Hier lässt sich Natur mit allen Sinnen erleben.

Was pfeift denn da? Wem hat die viele tausend Jahre alte Olgaschlucht einst als Unterschlupf gedient? Welche Tiere leben in und unter morschem (Tot-)Holz? Welche Baumarten sind das? Mit einer Gießkanne erkunden die Ratefüchse, was sich besser als Wasserspeicher eignet: Kies oder Waldboden? Durch eine große Glasscheibe bekommen die Kinder Einblicke in die Unterwasserwelt eines Weihers.

Es ist vor allem die Kombination aus Spielspaß und Lernen, die den Naturerlebnispfad für Groß und Klein spannend macht. Zahlreiche Tafeln entlang der Route vermitteln Wissenswertes etwa über Flora und Fauna, einen geologischen Aufschluss, die Mühlen im Rottal oder den Limes-Lehrpfad, den die Route an einer Stelle kreuzt.

So eine Tour durch den Wald macht Appetit. An zwei Grillstellen hat man die Möglichkeit, mitgebrachte Würstchen aufs Feuer zu legen. Einkehrmöglichkeiten gibt's im Biergarten Zum alten Forsthaus im Teilort Mönchsberg oder in einer der vielen Wirtschaften rund um Mainhardt. Die Wirte haben sich nämlich vor allem für Familien mit Kindern ein besonderes Angebot einfallen lassen: Beim »Fuxi-Teller« wird zum günstigen Pauschalpreis die ganze Familie

satt. Zwei Erwachsene mit bis zu drei Kindern bezahlen für ein spezielles Gericht nur 35 Euro – inklusive einem Getränk pro Person.

Der gut ausgeschilderte Rundwanderweg ist zehn Kilometer lang. Wer sich oder seinen Kindern diese Strecke konditionell nicht zutraut, kann aber auch eine Runde mit 4,5 oder 5,5 Kilometern wählen. Zur Vorbereitung verschickt das Rathaus Mainhardt zudem kostenlos Karten zum Fuxi- und zum Limes-Pfad.

Auf den Geschmack gekommen? Ein paar Kilometer weiter, bei Wüstenrot, führt der schlaue Dachs Familien auf 2,6 Kilometer Wegstrecke entlang des Dachsbachs oder des Finsterroter Sees. Das sei nur am Rande erwähnt, denn Wüstenrot liegt nicht mehr in Hohenlohe und gehört deshalb eigentlich gar nicht hierher.

---

**Rathaus Mainhardt**
Hauptstraße 1
74535 Mainhardt
Telefon (0 79 03) 91 50-0
www.mainhardt.de

ÖHRINGEN | **DAMPFEISENBAHN**

# *Unter Dampf*

Vorstand Otto Baier höchstpersönlich betreut die Kasse am Eintritt zum Gelände der Dampfbahnfreunde Friedrichsruhe. 14 Vereinsmitglieder sind an einem so genannten Fahrtag damit beschäftigt, die Züge am Laufen zu halten.

Loks rauschen vorbei, aus einem Tunnel donnert pfeifend und dampfend eine davon mit vielen Waggons, es riecht nach Öl und verbrannter Kohle. Was sich liest wie die Beschreibung vergangener Eisenbahnromantik, spielt in Wirklichkeit auf dem Gelände der Dampfbahnfreunde in Friedrichsruhe nahe Öhringen. Wie ihre großen Brüder werden die Loks mit Kohle befeuert und fahren in derselben Technik – nur eben in Miniaturformat.

Seit 1970 betreiben die Eisenbahnenthusiasten in dem idyllischen Park eine der schönsten Gartenbahnanlagen Deutschlands. »Wir sind die älteste überhaupt«, bemerkt Baier stolz. Auf 6500 Quadratmeter haben die rührigen Vereinsmitglieder – der jüngste elf, die meisten über 50 Jahre alt – 1200 Meter Gleise mit fünf und siebeneinviertel Zoll verlegt.

Fahrtage sind von Mai bis Oktober immer am ersten Sonntag im Monat. Unter großem Hallo der Besatzung dreht Emma 2 mit satten zwei PS jeweils zwei Runden durch die Anlage. Gerade mal einen Euro bezahlen die großen und kleinen Gäste für das Fünf-Minuten-Vergnügen, das sich je nach Andrang natürlich auch wiederholen lässt. »Das ist ein Symbolpreis für den Erhalt der Anlage«, erklärt Baier, »unsere Gäste sind unsere Förderer.«

Die auf Hochglanz polierten Zügle – rund 70 000 Euro ist beispielsweise eine Mini-Dampflok wert – gehören den Mitgliedern. Unter den Augen der Besucher wird weiter gebastelt und repariert. Am kleinen Bahnhof beobachten derweil Jungs den Lokführer beim Beladen der Kohle. Gerade mal einen Meter ist der Sitzplatz hoch, auf dem der stilecht gekleidete Eisenbahnfreund mehr schlecht als recht Platz findet. Für Fragen zu seinem Hobby hat er stets ein offenes Ohr: Bereitwillig gibt er Auskunft und erklärt technische Details.

Die Bewirtung der Besucher, die inmitten der Anlage unter den Zelten Platz nehmen und das Treiben von hier aus beobachten können, ist bestens und preisgünstig organisiert. Auch die Familien der Vereinsmitglieder müssen an so einem Tag mit anpacken. Das gilt erst recht für den Höhepunkt der Saison: Beim Lichterfest, das Anfang Juli stattfindet, sind alle auf den Beinen. Dann tauchen Fackeln und Lichterketten die schöne Anlage in ein zauberhaftes Licht – und die Loks natürlich auch.

---

**DAMPFBAHNFREUNDE FRIEDRICHSRUHE**
Forsthausweg
74639 Zweiflingen
Telefon (0 79 41) 9 63 26 92
www.dbf-friedrichsruhe.de

SATTELDORF | **HAMMERSCHMIEDE**

# *Handwerk aus alten Tagen*

Wie war das früher? Wie lebten die Menschen? Wie arbeiteten sie? In der Hammerschmiede Gröningen gibt's für Wissensdurstige Antworten auf viele Fragen zur jüngeren Geschichte. Und einen Platz zum die Seele baumeln lassen obendrein.

Die Autos müssen oben bleiben. Das ist gut so, denn bereits die kleine Wanderung bergab ins idyllische und naturgeschützte Gronachtal lohnt sich. Am Scheitelpunkt erreichen wir die historische Hammerschmiede aus dem Jahr 1804. Bis 1948 wurde hier geschmiedet, heute ist die Schmiede mit dem zugehörigen Anwesen ein lebendig gestaltetes Schau- und Vorführmuseum für altes Handwerk und beliebtes Ausflugsziel für natur- und technikbegeisterte Familien.

In der Außenstelle des Hohenloher Freilandmuseums Wackershofen wird der Übergang vom Handwerk zur Industrieproduktion erfahrbar. Neugierig betrachten die Besucher im oberen Stock die Ausstellung von Geräten für Handwerk und Landwirtschaft. Beile und Sicheln, die können sie noch erkennen. Aber wozu diente dieses seltsame Metallteil? »Das hat man als Bremse für die Räder eingesetzt«, klärt der Fachmann vom Förderverein auf und demonstriert die Funktionsweise. Die Kinder staunen.

Noch mehr, als sie später Zeuge werden, wie der Schmied in seiner Werkstatt die wasserbetriebenen Schwanzhämmer in Gang setzt. Mit geübten Schlägen fertigt der Handwerker aus glühenden Werkstücken Eisenteile und Gebrauchswerkzeug von damals. Jeden ersten Sonntag im Monat können ihm Museumsgäste dabei über die Schulter schauen. Geöffnet ist die Hammerschmiede täglich außer montags von April bis Oktober zwischen 10 und 18 Uhr. Mitte Juli findet alljährlich der Kinder-Museumstag statt.

Am letzten Sonntag im August steht das traditionelle Hammerschmiedefest an, Ende Oktober ist Nachtschmieden angesagt.

Zu den Ausstellungsstücken gehören Geräte und Maschinen handwerklicher und frühindustrieller Fertigungsgänge, ein wasserbetriebenes Schwanzhammerwerk mit drei Hämmern, Originalprodukte der Werkstatt, transmissionsbetriebene Drehbänke, Gewindeschneidemaschinen und Bohrgeräte im Einrichtungszustand um 1900. In einem Nebengebäude befindet sich eine voll funktionsfähige Ölmühleneinrichtung aus dem benachbarten Rot am See.

Familienmitglieder, die weniger technikaffin sind, genießen derweil bei Kaffee und Kuchen den romantisch gelegenen Gastgarten am Bach Gronach und lauschen dem Plätschern des Wassers.

---

**Hammerschmiede**
Hammerschmiede 1
74589 Satteldorf
Telefon (0 79 55) 33 03
www.satteldorf.de
(Stichwort Hammerschmiede)

SCHWÄBISCH HALL | **FREILANDMUSEUM**

# *Von Schweinen, Ziegen und Rindern*

In den Sommerferien steht das Hohenloher Freilandmuseum in Wackershofen ganz im Zeichen des Kinderprogramms. Doch auch die Saison über ist hier viel los. Vor allem die vielen lebendigen Museumstiere machen den Kleinen Spaß.

Die Plätze für die Mitmachaktionen in den Ferien sind begehrt. Kinder lernen Stoffe bedrucken, schmieden, spinnen, schnitzen, Papier schöpfen, modellieren, Seife herstellen, Kräutersalz fabrizieren, Gras sensen – die Museumsmitarbeiter denken sich einiges aus für die junge Kundschaft. Mittwochs und sonntags gibt's zudem eine Museumsführung speziell für Kinder.

Während der Nachwuchs also gut beschäftigt und betreut ist, können die Eltern am Sommerkeller ein zünftiges Vesper und einen herrlichen Blick über die Hohenloher Ebene genießen.

Die Saison über (Mitte März bis Anfang November) bringen alte Haustierrassen tierisches Leben ins Museum, zum Beispiel die Limpurger Kühe, Coburger Fuchsschafe, Edelziegen, Kaninchen, Enten und Gänse. Besonders beliebt sind die Schwäbisch-Hällischen Landschweine, vor allem, wenn die Ferkelchen zu sehen sind. Auf der Schweineweide suhlen sich die so genannten Mohrenköpfle und schütteln sich anschließend so heftig, dass auch die Zuschauer etwas vom Schlammbad abbekommen.

In den rund 70 historischen Gebäuden, die auf dem 40 Hektar großen Gelände (wieder) aufgebaut wurden, gibt es für Kinder ebenfalls viel zu entdecken. In einem Bauernhaus aus dem Jahr 1550 beispielsweise lässt sich anhand des winzigen Stalls nachvollziehen, wie beengt die Nutztiere früherer Tage untergebracht waren. Schulkindern ging's freilich auch nicht viel besser, das spürt, wer sich in die engen Bankreihen im alten Schulhaus quetscht.

Von Mai bis Oktober können Besucher unter der Woche jeden Tag einen anderen Museumshandwerker bei seiner Arbeit beobachten. Jeden Monat finden zudem besondere Veranstaltungen statt, die tausende Besucher von weit her ins Hohenloher Freilandmuseum locken: Osterwerkstatt, Handwerkertag, Süddeutscher Käsemarkt oder Backofenfest. Da Parkplätze an diesen besonderen Tagen Mangelware sind, noch ein besonderer Tipp: Mit der Deutschen Bahn reisen Sie am bequemsten an. Vom Bahnhof sind es nur ein paar Schritte zur Kasse. Bahnreisende bekommen zudem beim Eintritt Rabatt. Die Preise sind ohnehin kommod: 18 Euro kostet eine Tageskarte für eine Familie (mit Kindern bis 17 Jahren). Kinder unter sechs kommen umsonst rein.

---

**HOHENLOHER FREILANDMUSEUM**
Moorwiesenweg
74523 Schwäbisch Hall-Wackershofen
Telefon (07 91) 97 10 10
www.wackershofen.de

Schwäbisch Hall | **Werkstatt**

# *Hand-Werk mit Kindern*

Im Garten hinter dem Haus von Hermann Rieth im Weiler Sülz fühlen sich Erwachsene in eine andere Welt versetzt. Gemeinsam mit Kindern und Jugendlichen hat der Waldorflehrer hier eine Gruppe von Häuschen gebaut – die Klein Sülzer Werkstatt.

Die Jugend von heute sitzt nur vor dem Computer? Von wegen. Wer nach Klein Sülz kommt – am Handwerkertag und am Schmiedetag sind viele Werkstätten ohne Anmeldung geöffnet –, wird eines Besseren belehrt. Im Kinderhaus schiebt ein Mädchen eine Form mit kleinen Kuchen in den mit Holz befeuerten Ofen. In der Schmiede schlägt ein Junge schwungvoll mit dem Hammer auf ein glühendes Stück Eisen, andere halten mit dem Blasebalg das Feuer am Glühen. Ein Mann unterweist einen Jungen in die Handhabung einer großen, schwingenden Säge.

Klein Sülz ist eine Gruppe von Häuschen, die so groß sind, dass ein Erwachsener gerade darin stehen kann. Erbaut hat sie Hermann Rieth gemeinsam mit Kindern und Jugendlichen. Neben Bäckerhaus und Schmiede stehen bereits eine Brennhütte für einen Töpferofen, ein Schleifkotten mit Nassschleifstein sowie ein Toilettenhäuschen für Jungs und Mädchen. Den Weg zur jeweils richtigen Tür weisen kunstvolle Keramikreliefs mit Figuren; an den Schlüsseln hängen kleine Metallanhänger mit den Zeichen für Mann und Frau. Allerorten stößt, wer genau hinschaut, auf Rieths Liebe zum Detail.

Auch wenn Klein Sülz auf den ersten Blick so wirkt: Der Waldorflehrer will mit seiner Werkstatt kein Bullerbü für sehnsuchtsvolle Erwachsene bieten. Sein Ziel ist, die Gestaltungs- und Herstellungsprozesse des Handwerks der kindlichen Wahrnehmung wieder zugänglich zu machen. »Handfertigkeit fördert die Entwicklung«, davon ist der Mann mit der prägnanten Ponyfrisur überzeugt.

Für jedes Haus wird zunächst ein Bautrupp gebildet. Zwei bis fünf Kinder entscheiden sich, regelmäßig auf der Baustelle zu arbeiten, und erleben so, wie durch alle Gewerke hindurch ein Haus entsteht. Immer wieder gibt es längere Einsätze an Wochenenden oder in den Ferien. Bei Bedarf bekommt der Bautrupp Unterstützung durch Eltern. Mitunter werden Handwerker eingeladen, um den Trupp in bestimmte Techniken einzuweisen. Zu diesem Thema hat Rieth sogar ein Buch geschrieben: »Hausbau mit Kindern«.

Unterstützung bekommt der engagierte Pädagoge von freiwilligen Helfern und durch Spenden. Der Ritterschlag freilich war die Auszeichnung seiner Arbeit mit dem Werkbund Label 2014 des Deutschen Werkbunds.

---

**Klein Sülzer Werkstatt**
Hermann Rieth
Sülz 6
74538 Schwäbisch Hall-Sülz
Telefon (07 91) 8 43 63
www.klein-suelz.de

*Hohenloher Landgasthöfe laden die Besucher mit ausgezeichneter Küche zur Einkehr ein. Auf den Speisekarten finden sich feine wie deftige Traditionsgerichte. Die Köche verlassen sich bei ihren Zutaten auf die ausgezeichneten Produkte der Genießerregion.*

BRAUNSBACH | **GASTHOF ZUM LÖWEN**

# *Faible für Fleisch*

Wenn Sie diesen Hohenlohe-Führer in Händen halten, haben es die jungen Wirte aus Braunsbach geschafft. Von Mai 2017 an ist der durch die Umweltkatastrophe im Mai 2016 verwüstete Traditionsgasthof zum Löwen im Kochertal wieder wie neu und eröffnet.

»Neu« heißt im Löwen freilich alt, und zwar schön alt. Immerhin ist mit Heike Philipp und Thomas Hopf bereits die fünfte Generation am Ruder. Seit mehr als 100 Jahren ist die stattliche Traditionswirtschaft in der Ortsmitte im Philipp'schen Familienbesitz und damit einer der ältesten Gastronomiebetriebe der Region. Das schafft nur, wer konsequent auf Qualität setzt und zudem ein Näschen dafür hat, was das gesetzte und was das junge Publikum (dem bekanntlich die Zukunft gehört) wünscht.

»Wir sind ein traditioneller Landgasthof mit Überraschungen«, beschreibt der junge Wirt das Konzept, das die beiden gelernten Gastronomen mit »Tradition trifft Moderne« überschrieben haben. Kein leichtes Unterfangen. Die Stammkundschaft verlangt Traditionsgerichte wie Schnitzel oder Rostbraten, Bratwürste oder Vesper, Nieren oder Kutteln. Das alles gibt's hier wirklich und ist fein zubereitet. Die jüngeren Gäste wünschen sich etwas Neues und finden es auf der Beef-Speisekarte: riesige, saftige, trocken gereifte Steaks von heimischen Rindern wie ein 500-Gramm-Ribeye mit Knochen oder ein ebenso schweres Porterhouse.

Das Faible für Fleisch kommt nicht von ungefähr. Seit jeher gehörte zum Löwen eine Metzgerei – eine Kombination, die ungemein sympathisch und leider vom Aussterben bedroht ist. Das Metzgergeschäft haben die jungen Wirte geschlossen. Doch aus der Werkstatt kommt noch heute viel Gutes: neben den Dry-

Aged-Spezialitäten auch traditionelle Feinkostgerichte und leckere Würste, die Auf-den-Geschmack-Gekommene auch mit nach Hause nehmen können.

Das Ambiente im Löwen geht in Richtung »Altes bewahren und mit Neuem verbinden«, so Heike Philipp. Die Gasträume sind ohne viel Chichi mit viel hellem Holz ausgestattet; im Mittelpunkt steht der Tresen, um den aufmerksame Servicedamen ihre Runden drehen. Etwas moderner geht es in der ehemaligen Metzgerei zu, in der die Gäste vor einer großen Glaswand mit reifendem Rindfleisch sitzen. Der (gelungene) Spagat zwischen Tradition und Moderne lässt sich auch an den Themen der Veranstaltungen im Löwen ablesen: Grillabend und nordisches Fischmenu versus Siedfleischessen und Weißwurstfrühstück.

---

**GASTHOF ZUM LÖWEN**
Marktplatz 4
74542 Braunsbach
Telefon (0 79 06) 91 05-0
www.zumloewen-braunsbach.de

## Bretzfeld | **Gasthaus zum Löwen**

# *Tradition hat Zukunft*

Tür auf, Tür zu, Tür auf. Wir können gar nicht so schnell schauen, wie sich die kleinen Räume mit Hungrigen und Durstigen füllen. Hätte Birgit Wolf vom Gasthaus zum Löwen in Bretzfeld-Bitzfeld nicht Nerven wie Drahtseile, die Wirtin käme in ihrer Küche ganz schön ins Schwitzen.

Stattdessen arbeitet Birgit Wolf ruhig Bestellung für Bestellung ab: Schnitzel, Rostbraten, Sauerbraten, Wurstsalat, Schweinskopfsülze oder – je nach Saison – Wildspezialitäten mit Fleisch aus des Bruders Jagd im nahen Neuenstein. Der Löwen ist eine typische Dorfwirtschaft, in der bodenständige Hohenloher Gerichte auf den Tisch kommen. Hier kehren Wandergruppen ebenso gern ein wie Familien mit Kindern und die Leute aus dem Ort. Dann rutscht man zusammen, damit alle Platz in den Stuben des wunderschönen Fachwerkhauses aus dem 18. Jahrhundert finden.

Seit dieser Zeit ist der Löwen im Familienbesitz. »50 Jahre stand unsere Oma in dieser Küche«, erzählt die Enkelin stolz, die in mittlerweile fünfter Generation den Löwen führt. Die Eltern betrieben die Wirtschaft im Nebenerwerb, ehe die Tochter, Restaurantfachfrau und Köchin, den Löwen übernahm. »Für die Familie war klar: Die Birgit macht's.« Ein Familienbetrieb, bei dem alle mit anpacken, ist er geblieben. Das Motto spricht für sich: Tradition hat Zukunft. Zukunftsweisend ist auch die ökologische Energiegewinnung des Anwesens: Der nachwachsende Rohstoff Elefantengras wird auf den eigenen Feldern angebaut.

Die Bitzfelder wissen, was sie an ihrem Löwen haben. Für Fremde ist der Stammtisch tabu, denn der ist täglich besetzt. Samstag für Samstag kommen die Kegler – und das seit 45 Jahren –, am Sonntag wird Binokel gespielt. Versammlungen finden im Saal im ersten Stock statt.

Wer so in der Dorfgemeinschaft verwurzelt ist, bezieht seine Produkte vor Ort. »Zwiebeln, Eier, Nudeln kaufen wir beim Bauern«, erzählt Birgit Wolf. Das Schweinefleisch vom Schwäbisch-Hällischen kommt von der Bäuerlichen Erzeugergemeinschaft, auch das meiste Rindfleisch. Das schmeckt man. Der Rostbraten ist herrlich mürb und kommt mit Spätzle und Salat oder pur mit Brot samt einer üppigen Soßenportion auf den Tisch.

Die Weine stammen von der Weinkellerei Hohenlohe aus Adolzfurt und Verrenberg, hier liefert auch Bruder Harald seine Trauben ab. Schnaps brennt man bei Wolfs noch selbst – Obstler, Mirabellen, Williams und Himbeere. Wenn der zu gut geschmeckt hat, fragt man am besten im Landhaus Wolf nach einem Gästezimmer. Bruder Jürgen hat den ehemaligen Viehstall umgebaut und hier gemütliche Zimmer eingerichtet.

---

**Gasthaus zum Löwen**
Alte Straße 15
74626 Bretzfeld-Bitzfeld
Telefon (0 79 46) 13 88
www.landhaus-wolf.de

FORCHTENBERG | **WINKLERS WEINSTUBE**

# *Klein, aber Wein*

Frank Winkler ist in Hohenlohe bekannt wie der sprichwörtliche bunte Hund. Das liegt auch an der Weinstube, die er mit Frau Sigrid in Forchtenberg führt. Vor allem aber kennt man Frank Winkler als Molle, die treibende Kraft der Hohenloher Mundartband Annâweech.

Wer bei den Winklers einkehren will, sollte unbedingt vorbestellen und darf nicht kontaktscheu sein. An den vier großen Tischen in der gemütlichen Gaststube rückt man ohnehin eng zusammen, und auch in der romantischen Weinlaube vor dem Steinhaus mit Blick auf die Kocherbrücke sind praktisch immer alle Plätze belegt.

Der gute Ruf der Weinstube (Motto: Klein, aber Wein) liegt vor allem in der Vielzahl ausgesuchter Weine begründet. Frank Winkler punktet mit dreierlei Fasswein vom eigenen Weinberg, den er zünftig im Steinkrug serviert. Dazu sind praktisch alle guten Tropfen, die Hohenlohe und die angrenzenden Regionen zu bieten haben, im Angebot – und das sind nicht wenige. Auf der Karte finden sich auch eher seltene Gewächse wie Auxerrois (Weingut Hirth, Willsbach) oder Gewürztraminer von Forchtenbergs einzigem Weingärtner im Haupterwerb, Ferdinand Fröscher vom gleichnamigen Rebenhof.

Die passende Grundlage schaffen deftige Hohenloher Speisen, die Sigrid Winkler routiniert in der winzigen Küche zubereitet. Hier einige Kostproben: Kuttelsuppe nach Oma Rösles Rezept, Blutwurstmaultaschen auf Sauerkraut, Hohenloher (Blut-, Leberwurst, Kesselfleisch) oder Fränkische (gerauchte Bratwurst, gerauchter Schweinebauch, Debreciner) Schlachtplatte oder die legendären Toasts, die auch die hungrigsten Gäste sättigen. Wer ein deftiges Vesper bevorzugt, bestellt Hausmacher auf dem Holz-

brett oder Saures (Wurstsalat, Ochsenmaulsalat, Schwartenmagen sauer eingelegt). Dazu gibt's gutes Bauernbrot.

Die gemütliche Stube, die guten Weine, das leckere Essen, vor allem aber die Gastfreundschaft, Herzlichkeit und ansteckende Fröhlichkeit von Wirt Frank Winkler machen die Weinstube Winkler zum Original. Ohne ein paar persönliche Worte und einen festen Händedruck zum Abschied darf kein Gast von dannen ziehen. Annâweech-Fans erfahren hier überdies aus erster Hand die geplanten Termine; Karten für die Auftritte der Hohenloher Mundartmusiker sind nämlich schwer zu bekommen.

Wenn ein Gast beim Besuch der Weinstube ein wenig zu tief ins Glas geschaut hat, mietet er sich in der Familien-»Pennsion« bei Oma Marie ein. Diesen Service dürfen auch Radler nutzen, die den Kocher entlangfahren und unbedingt einen Stopp in Forchtenberg einlegen sollten.

---

**WINKLERS WEINSTUBE**
Bahnhofstraße 25
74670 Forchtenberg
Telefon (0 79 47) 3 66
www.winklers-weinstube.de

KRESSBERG | **LANDGASTHOF NEUHAUS**

# *Grenzgänger mit Tradition*

Hohenlohe ist bekanntlich Grenzland. Auf der Schnittstelle zwischen Württemberg und Bayern liegt eine Gastwirtschaft mit Geschichte, die auch kulinarisch die Brücke zwischen den beiden Ländern schlägt: der Landgasthof Neuhaus von Familie Fach.

Einst als Poststation und Raststätte für Fuhrleute entstanden, kehren heute vor allem Reisende und Wanderer gerne in dem alten Landgasthof ein. Seit Ende des 18. Jahrhunderts ist das Neuhaus in Familienbesitz. So ganz genau kann das Helmut Fach aber nicht sagen, »für Familienforschung habe ich keine Zeit«. Die Wirtsfamilie – Frau Annemarie regiert in der Küche und Tochter Bärbel im Service – hat auch so genug zu tun. Wenn jede Hand gebraucht wird, hilft einer der Söhne, der täglich zur Arbeit nach

Abstatt pendelt, nach Feierabend auch noch mit. Neben der Gaststube ist schließlich auch eine Landwirtschaft zu versorgen.

Auf der regional geprägten Speisekarte finden sich neben Schnitzel, Rostbraten und Forellen deftige Gerichte »aus dem hohenlohisch-bayrischen Grenzgebiet«, wie sie Groß- und Urgroßeltern noch kannten: Saure Kutteln, Rührei mit Rauchfleisch oder Omelette mit gerösteter Leber- und Blutwurst sowie Zwiebeln und Kartoffeln. Kostproben von Blauen Zipfeln (Bratwürste im Zwiebelsud) und Hohenloher Milchsuppe mit geröstetem Brot und Kartoffeln überzeugen und sättigen. Fränkisches ist »halt sehr magenschwer«, sagt der Wirt lachend. Stimmt.

Die Gegend ist Bier-Land, ausgeschenkt werden Sorten der Engel-Brauerei aus Crailsheim sowie Stuttgarter Hofbräu. Wer ein schönes Glas Wein möchte, lässt sich vom Wirt feine Tropfen vom württembergischen Weingut Hirth, Willsbach, oder von Ansgar Clüsserath, Mosel, empfehlen. Neben gutem Essen und Trinken punktet vor allem die Atmosphäre. Was andernorts schlechte Innenarchitekten vernichtet haben, ist im Neuhaus erhalten. Der hinterste der drei kleinen Wirtschaftsräume im 1900 gebauten Anbau etwa ist ganz mit dunklem Holz vertäfelt und ungemein gemütlich. Ein Architekt, der aus dem zerbombten Stuttgart nach Kreßberg evakuiert worden war, hat die Einrichtung entworfen und der Schreiner hat die Bretter vor Ort gesägt und eingebaut, erzählt der agile Anfang 70-Jährige. Ein bisschen mehr Zeitgeist würde er sich freilich ab und zu wünschen. »Wir sind halt recht konservativ«, sagt Helmut Fach selbstkritisch. Dies wird vermutlich die Aufgabe von Tochter Bärbel sein, die das Neuhaus eines Tages übernehmen wird. Als staatlich geprüfte Gastronomin und Hotelfachfrau beherrscht sie ihr Handwerk. Dass die gute Stube unangetastet bleibt, muss sie uns aber versprechen. Sie tut's.

---

**GASTHOF NEUHAUS**

Neuhaus 2
74594 Kreßberg
Telefon (0 79 57) 98 84-0
www.gasthof-neuhaus.de

MULFINGEN | **JAGSTMÜHLE**

# *Hohenloher Tapas*

Regionalküche ist die Küche der Zukunft. Davon sind Hubert Retzbach und Markus Reinauer überzeugt. Die beiden Köche von der Jagstmühle vertrauen auf ein dicht gespanntes Netzwerk hervorragender regionaler Erzeuger – und ihr gutes Handwerk.

Am Anfang standen die F.A.Z. und ihr weithin bekannter Restaurantkritiker Jürgen Dollase. Unter seiner Feder startete die Zeitung 2013 eine Reihe »arrangierter Menüs« und servierte ihre dritte Folge der Regio-Tapas 2013 in der Jagstmühle. Spinatknödel auf Baumpilzen, Kalbskutteln in Rieslingsoße mit Waller, Terrine von wilden Zwetschgen mit Pfefferkrauteis: Die Gerichte lesen sich noch heute höchst modern.

»Eine neue, purifizierte Regionalküche«, erinnert sich Markus Reinauer, »das war schon eine Weiterentwicklung.« Die Vielfalt der Region, der ursprüngliche Geschmack eines Lebensmittels, traditionelles Küchenhandwerk sowie die vertrauensvolle Zusammenarbeit mit den Lieferanten stehen im Mittelpunkt des von vier (48 Euro) bis sieben Teller (75 Euro) reichenden Tapas-Menüs. Das mit der Tapas-Größe (tapa heißt Häppchen) nimmt die Küche freilich nicht so genau. Die Portionen sind (fast zu) reichlich bemessen, aber das ist hierzulande ja keine Schandtat. Ebenso die faire Kalkulation der vorwiegend baden-württembergischen Weine.

Die Regio-Tapas sollen ausgebaut, noch dynamischer, moderner und – vegetarischer werden. »Gastronomie ist eine kulturelle Plattform, die sich mit gesellschaftlichen Strömungen auseinandersetzen muss«, doziert der Koch und schwärmt von den Möglichkeiten fleischloser Küche. Einem »vernünftigen Fleischkonsum« können die Gäste in der Jagstmühle freilich guten Gewissens frönen: »Wir verarbeiten nur ganze Tiere.« Wie das

funktioniert und wie die nachhaltige Verwertung eines Limpurger Weideochsen vonstattengeht, lässt sich im unterhaltsamen Jagstmühlen-Blog nachlesen.

In den von hellem Holz dominierten Speiseräumen oder auf der schönen Terrasse direkt am Mühlkanal genießen viele Gäste die Mühlenklassiker: Siedfleisch vom Hohenloher Weiderind, Haxensülze vom Hohenloher Landschwein oder Gefüllte Nudeln (mit fantastischem Kartoffelsalat) nach Großmutters Rezept. Auf die traditionellen Gerichte aus der Hausfrauenküche hat Markus Reinauer ohnehin ein Auge geworfen. Kürzlich hat er breite Nudeln mit weißen Bohnenkernen probiert: »Schmeckt fantastisch.« Das Duo Nudeln-Bohnen hat offenbar das Zeug zur Regio-Tapa.

---

**LANDGASTHOF JAGSTMÜHLE**
Jagstmühlenweg 10
74673 Mulfingen-Heimhausen
Telefon (0 79 38) 9 03 00
www.jagstmuehle.de

SCHWÄBISCH HALL | **RESTAURANT OHSO**

# *Der Geschmack der Macher zählt*

Simon Würtz, Koch, und Anna Stumpp, Mediendesignerin, sind Anfang 30. Mit ihrem Restaurant Ohso treffen sie den Nerv von Menschen, die sich auf besondere Geschmackskombinationen einlassen und nicht ins Sternerestaurant gehen wollen.

Der Stil: reduziert. Holz und Grau. Ein Tresen dominiert den großen Raum im Erdgeschoss eines alten Haller Wirtshauses. Schlichte Holztische und Bänke, wenig, aber ansprechende Deko. Ausgesuchtes Geschirr, schöne Gläser. Der Gast ahnt: Nichts soll ablenken von dem, was auf dem Teller ist. Das hat es auch in sich: Simon Würtz kocht, wie man es nicht überall bekommt. Und das preisgünstig.

Die Auswahl an Gerichten ist nicht groß, doch die Speisekarte wechselt häufig. Eine Kostprobe: »Zucchini-Acras – Klippfischpaste« als eine von vier Vorspeisen, »Gemüsequiche – Pecorino – Kapern – Sauce Rouille« als eines von drei Hauptgerichten, »Melone – Zitrone – Estragon – Bergpfeffer« als eines von drei Desserts. Dazu gibt's drei Tagesempfehlungen auf der Schiefertafel.

Die Gerichte skizzieren den Stil von Simon Würtz: »Wir arbeiten mit dem, was wir selbst gerne essen.« Viel Gemüse, viel Vegetarisches und Fisch, viele Kräuter. Wenn Fleisch, dann gerne Bäckchen oder Bauch. Anregungen holt er sich dann zum Beispiel beim Großmeister Auguste Escoffier (1846–1935) oder im Mammutwerk »Modernist Cuisine«, das Vorgänge beim Kochen auf eine wissenschaftliche Basis stellt. Sein Handwerk hat der junge Koch in der Speisemeisterei bei Frank Oehler gelernt, er will aber nicht nach Sternen greifen.

»Wir versuchen so frisch wie möglich zu sein«, sagt er, »und den Sommer in den Winter zu retten.« Etwa mit eingeweckten Zwiebelchen, die in einem köstlichen Sud gegart sind und einem vegetarischen Gericht den Kick geben. Würtz' Zutaten stammen aus der Region, und das sagt er nicht nur so dahin. Samstags sieht man den schmalen jungen Mann mit Rucksack auf dem Haller Wochenmarkt einkaufen. »Wir wollen den Einzelhandel der Stadt unterstützen«, sagt er. Das Feinkostgeschäft vor Ort bestückt die ausgesuchte Getränkekarte mit Weinen. Ungewöhnliche Biersorten sowie besondere Limonaden gehören ebenso zum Programm.

Partnerin Anna Stumpp pflegt im Service die Kommunikation mit den Gästen. Sie erklärt, ohne aufdringlich zu sein, ist freundlich, ohne gefällig zu sein. Kurz: Sie schafft die »entspannte Atmosphäre«, die beide in ihrem »ganz persönlichen Restaurant« haben möchten. Und die Gäste auch.

---

**RESTAURANT OHSO**
Zollhüttengasse 1
74523 Schwäbisch Hall
Telefon (07 91) 21 69 39 95
www.ohso-restaurant.de

SCHWÄBISCH HALL | **LANDHAUS RÖSSLE**

# *Moderne Regional-Küche*

Mit Katrin Baur und Ernst Kunz ist im Landhaus Rössle in Schwäbisch Hall-Veinau die vierte Generation am Ruder. Die Gastwirtschaft hat eine lange Tradition. Früher war sie eine wichtige Pferdeleihstation auf dem Weg von Schwäbisch Hall nach Crailsheim.

Im Landhaus Rössle wird Familientradition groß geschrieben und Gastfreundschaft wörtlich genommen. Einer der Junior-Chefs ist immer präsent, ebenso Wilma Kunz, Mutter und gute Seele des Landhauses, sowie Ernst Kunz senior, der überall nach dem Rechten schaut und die Anlage in Schuss hält.

Denn zum Rössle gehören neben der Wirtschaft selbst noch ein Hotel mit 21 Gästezimmern sowie ein großzügiger Gastgarten mit rustikaler Jagdhütte und vielen Spielmöglichkeiten für Kinder. Die kleinen Gäste sind im Landhaus ohnehin besonders willkommen und fühlen sich schon wegen der vielen Tiere (Ziegen, Hasen, Meerschweinchen & Co.) wohl. Die rustikale Eventscheune für bis zu 400 Personen ist behutsam modernisiert worden und bietet den passenden Rahmen für Familien- und Firmenfeste.

Auch um nur gut zu essen, kehrt man im Rössle gerne ein. Ernst Kunz junior hatte bereits langjährige Erfahrung als Koch in vielen bekannten Sterne-Häusern im In- und Ausland, bevor er sich in der Schweiz einen der begehrten Michelin-Sterne erkochte. Nach Jahren der Wanderschaft kehrte er in den elterlichen Betrieb zurück und drückt ihm nun gemeinsam mit Katrin Baur, die ebenfalls in der Gastronomie zuhause ist, den eigenen Stempel auf.

Den beschreibt die sympathische Junior-Chefin so: »Sterne-Gastronomie gibt's genug, wir bewegen uns auf der Bib-Gourmand-Ebene.« Damit ist die Michelin-Auszeichnung für »sorgfältig zubereitete und preiswerte Mahlzeiten« gemeint. Die

Rössle-Küche ist regional geprägt – »das ist unser Aushängeschild« –, wird aber stets zeitgemäß interpretiert. Auf den Tisch kommen neben Speisen mit Schwäbisch-Hällischem Landschwein oder Boeuf de Hohenlohe beispielsweise Gerichte wie Gebackener Blutwurststrudel mit Apfel und Feldsalat oder Gebratene Ente mit Rotkohl und zweierlei Knödel.

Dabei legt der Küchenchef großen Wert auf saisonale, frische und regionale Produkte, die zum Teil sogar vom hauseigenen Hof stammen. Ernst Kunz senior ist Jäger und bestückt die Wildkarte im Rössle. Die ausgesuchten Weine aus der Region stammen etwa vom Weingut Zipf in Löwenstein. Hier weiß der Gast, was er isst und trinkt. Kein Wunder: Ernst Kunz junior ist Mitglied der Slow-Food-Bewegung.

---

**Landhaus Rössle**
Zeilwiesen 5
74523 Schwäbisch Hall-Veinau
Telefon (07 91) 25 93
www.roessle-veinau.de

*Das Land der Burgen und Schlösser im Nordosten Baden-Württembergs ist zu Recht stolz auf sein großes kulturelles Erbe. In den Sommermonaten locken zudem renommierte Freilichtveranstaltungen aller Art Kulturfreunde aus dem ganzen Land nach Hohenlohe.*

CREGLINGEN | **MARIENALTAR**

# *Lichtwunder zu Mariä Himmelfahrt*

Tilman Riemenschneider zählt zu den bedeutendsten Bildschnitzern am Übergang von der Spätgotik zur Renaissance. Eines seiner wohl schönsten Werke ist in einer kleinen Kirche im Norden Hohenlohes zu bewundern.

Der Legende zufolge soll ein Bauer an genau diesem Ort beim Pflügen eine unversehrte Hostie gefunden haben. Verbürgt ist, dass Konrad und Gottfried von Hohenlohe-Brauneck im Jahr 1384 mit dem Bau der Herrgottskirche von Creglingen begonnen haben. Das im Stil der fränkischen Gotik errichtete Kirchengebäude hat ein besonderes Schmuckstück zu bieten: Es beherbergt den Marienaltar von Tilman Riemenschneider (um 1460–1531).

Unter den Händen des Künstlers verwandelte sich starres Holz zu lebendig wirkenden, in ihrer Schlichtheit und tiefen Frömmigkeit den Betrachter noch heute bewegenden Figuren. Die Entstehungszeit des Marienaltars datieren Experten auf die Jahre 1490 bis 1510. Die Grundform des mehr als neun Meter hohen und rund 3,70 Meter breiten Kunstwerks orientiert sich an einer spätgotischen Monstranz. Der Schrein ist aus Kiefernholz gearbeitet, die Figuren aus weicherem Lindenholz. Prägend ist die im Schrein über den Aposteln zum Himmel auffahrende Maria. Im Altargesprenge darüber ist die Krönung Mariens dargestellt, Engel tragen ihr die Krone – und über allem thront der auferstandene Christus als Schmerzensmann.

Zwei Wochen im Jahr ist in der Herrgottskirche ein Erlebnis geboten, das selbst Agnostiker berührt. Um Mariä Himmelfahrt am 15. August fallen bei Sonnenschein zwischen 17 und 18 Uhr die Strahlen der Abendsonne in einem besonderen Winkel durch eine Rosette an der Stirnseite der Kirche und tauchen die zum

Himmel auffahrende Mariengestalt in ein fast überirdisches Licht – das Creglinger Lichtwunder genannt. In diesen Sommertagen sind die Öffnungszeiten (täglich von 9.15 Uhr bis 18 Uhr) um eine halbe Stunde verlängert.

Von Creglingen aus können Kunstfreunde überdies zu einer großen Riemenschneider-Tour starten. In der Marienkirche in Bad Mergentheim etwa befindet sich eine Marientod-Darstellung aus seiner Werkstatt; das mit 1519 datierte Halbrelief zeigt die am Sterbebett Mariens versammelten Jünger. Im Chor der Pfarrkirche St. Peter und Paul in Grünsfeld ist Riemenschneiders Grabmal der Gräfin Dorothea von Rieneck zu sehen; in der Stadtkirche Grünsfelds ein schwebendes Kruzifix. Auch das prachtvolle Heiligblutretabel der St.-Jakobs-Kirche in Rothenburg ob der Tauber lohnt einen Besuch.

---

**Herrgottskirche**
Herrgottskirche 1a
97993 Creglingen
Telefon (0 79 33) 3 38
www.herrgottskirche.de

HOHENLOHE | **KULTURSOMMER**

# *Die Region ist das Podium*

Der Hohenloher Kultursommer ist von 1987 bis heute zu einem Markenzeichen des Hohenloher Landes geworden. Die Idee, eine ganze Region zum Podium einer Konzertreihe zu machen, ist nicht in die Jahre gekommen – im Gegenteil.

In der Reihe, die vor 30 Jahren mit 21 Konzerten begann, finden mittlerweile bis zu 70 Konzerte in vier Landkreisen an rund 45 verschiedenen Spielstätten statt. Der Hohenloher Kultursommer hat sich ohne Übertreibung als eine feste Größe in der Kulturlandschaft der Region etabliert. Die professionellen Rahmenbedingungen für einen solchen Kulturmarathon sind mit der Gründung der Kulturstiftung Hohenlohe 1993 als Rechtsträger geschaffen worden. Die Stiftung finanziert sich unter anderem

mit öffentlichen Mitteln, Sponsorengeldern der Sparkassen-Finanzgruppe und zahlreicher Unternehmen der Region. Dazu tragen auch Privatpersonen bei, die im Förderkreis Mitglied sind – und eine Woche vor den anderen Karten bestellen können.

Denn der Erfolg gibt den Machern Recht. Oft sind die Karten rasch vergriffen, rechtzeitige Bestellung sei daher empfohlen. Das Konzept, Musik in geschichtsträchtigen Räumen ihrer Entstehungszeit erklingen zu lassen, passt eben wie maßgeschneidert zu dieser an geschichtsträchtigen Räumen nicht gerade armen Region. So gelingt es, »den architektonischen Kunstschatz der Region lebendig zu halten«, sagt Marcus Meyer, zuständig für Geschäftsführung und Programmplanung. Das Eröffnungskonzert findet traditionell im Rittersaal auf Schloss Neuenstein statt. Das prachtvolle Anwesen ist im Besitz von Kraft Fürst zu Hohenlohe-Öhringen, der auch Vorsitzender der Kulturstiftung Hohenlohe ist.

Aus dem facettenreichen Angebot in den Sparten Alte Musik, Klassik und Weltmusik lässt sich auch eine (Kul-)Tour de Hohenlohe zusammenstellen: von der Schlosskirche Bad Mergentheim über Schloss Langenburg bis Schloss Vellberg, vom Hoftheater Öhringen über die Stadtkirche Waldenburg bis Schloss Kirchberg an der Jagst. Wer sich nicht selbst die Mühe machen möchte: Die Touristikgemeinschaft Hohenlohe sowie Hohenlohe + Schwäbisch Hall Tourismus haben sich auch auf auswärtige Gäste eingestellt und bieten Pauschalarrangements.

Mit viel Programm aus dem Bereich der Weltmusik zielt das größte Musikfestival der Region im Übrigen verstärkt auf ein jüngeres Publikum. Kinder erhalten jetzt 50 Prozent Ermäßigung, Schüler und Studenten 30 Prozent.

---

**Hohenloher Kultursommer**
Kulturstiftung Hohenlohe
Allee 17
74653 Künzelsau
Telefon (0 79 40) 18-348
www.hohenloher-kultursommer.de

SCHWÄBISCH HALL | **KUNSTHALLE**

# *Kultur und auch noch umsonst*

Dem als Schraubenkönig titulierten Kunstmäzen Reinhold Würth verdankt Schwäbisch Hall eine Attraktion, die seit mehr als 15 Jahren bereits mehr als drei Millionen Besucher aus Nah und Fern angezogen hat: die Kunsthalle Würth.

Zehn Millionen Euro hat sich der prominente Hohenloher seinerzeit die nach ihm benannte Kunsthalle kosten lassen, die er auf dem ehemaligen Areal der Haller Löwenbräu errichten ließ. Kühn wie konsequent fügt sich das von dem dänischen Architekten Henning Larsen entworfene Gebäude in das historische Stadtbild ein. Der massive Baukörper aus Stahlbeton ist mit Crailsheimer Muschelkalk verkleidet, der, in neuer Bruchtechnik verarbeitet, interessante Effekte erzielt.

Die markante Fassade aus Stahl und Glas akzentuiert das Bauwerk und bildet einen wirkungsvollen Kontrast zur Umgebung. Vom Kunsthallenvorplatz aus haben Besucher eine atemberaubende Sicht auf Schwäbisch Hall – gerahmt von den sich nach Norden und Süden erhebenden Gebäudeelementen Eingangsbereich und Vortragssaal ergibt sich der Eindruck eines buchstäblichen Stadt-Bildes.

Die beeindruckende Sammlung mit rund 17 000 Kunstwerken von mehr als 2500 Künstlerinnen und Künstlern bildet die Basis des musealen Geschehens. Regelmäßig sind Sonderausstellungen zu sehen, so etwa die in Kooperation mit dem Museo Picasso Málaga realisierte Schau »Picasso und Deutschland«. Als wäre das nicht genug der Superlative, hier zwei weitere: Museumsuntypisch ist täglich von 10 bis 18 Uhr geöffnet, und der Eintritt ist frei.

Das gilt gleichermaßen für die unweit gelegene Johanniterkirche – Kunstfreunde folgen einfach dem schönen Weg am Kocher entlang flussabwärts. Mit der Sanierung des säkularisierten

Gebäudes aus dem 12. Jahrhundert wurden auch hier architektonisch Maßstäbe gesetzt. Das Kulturdenkmal beherbergt ein Meisterwerk von Hans Holbein dem Jüngeren (1497/98 bis 1543): die Schutzmantelmadonna beziehungsweise »Madonna des Bürgermeisters Jacob Meyer zum Hasen«. Die 146,5 mal 102 Zentimeter große Tafel wird oft in einem Atemzug mit der Sixtinischen Madonna von Raffael genannt.

Hübsche Anekdote am Rande: Wo heute die bedeutende Sammlung Alter Meister in der Sammlung Würth zu bewundern ist, haben sich einst Jungen und Mädchen aus Schwäbisch Hall ertüchtigt. Von 1846 bis 1949 war die Johanniterhalle, wie sie damals hieß, nämlich die erste städtische Turnhalle.

---

**KUNSTHALLE WÜRTH**
Lange Straße 35
74523 Schwäbisch Hall
Telefon (07 91) 94-67 20
www.kunst.wuerth.com

SCHWÄBISCH HALL | **MARIONETTENTHEATER**

# *Am seidenen Faden*

Die kunstvollen Figuren faszinieren Klein und Groß. Gerhards Marionettentheater in Schwäbisch Hall, Baden-Württembergs älteste Bühne dieser Art, hat mit dem »Puppenspiel Doktor Johann Faust« auch einen klassischen Stoff im Programm.

Der Haller Puppenfaust hat sogar einen Wissenschaftler als Autor: Günther Mahal, ehemaliger Leiter des Knittlinger Faust-Museums und Faust-Archivs, lehnt sich in seiner Spielfassung an den Bestand alter Puppentheater-Texte an, die erst seit dem frühen 19. Jahrhundert aufgezeichnet wurden. »Vorher waren die Spieltexte sorgsam gehütete Geheimnisse der einzelnen Familien«, erklärt Karin Birkhold-Gerhards, Witwe des Theater-

gründers Fritz Gerhards und erste Vorsitzende des heute in einen Verein umgewandelten Privattheaters.

Die historischen »Faust«-Marionetten, die bereits Ende der 1930er Jahre geschaffen wurden, sind besonders kostbar. Der Kriegsjahre wegen kam es nicht zur Aufführung, die war erst 1999 in Schwäbisch Hall. Die kunstvoll gefertigten Marionetten mit den grotesken, handgeschnitzten Köpfen und Körpern mussten dafür sorgfältig restauriert und einige verloren gegangene Figuren nach alten Fotos neu gefertigt werden.

Das geschieht im Dachgeschoss des Theaters, in der Werkstatt. Hier hängen die 50 bis 60 Zentimeter großen Puppen Seit an Seit und am seidenen Faden: der dunkelhäutige Jim Knopf von Michael Ende, der gestiefelte Kater der Brüder Grimm und das kleine Gespenst von Otfried Preußler. Hier bauen die fünf Marionettenspieler Figuren für neue Stücke und auch das Bühnenbild. Nach jeder Vorstellung gibt's einen Blick hinter die Kulissen der kleinen Bühne und faszinierende Einblicke in die Kunst des Marionettenbaus.

Die Heimstatt der kleinen Bühne ist der Schafstall. Früher waren hier tatsächlich Tiere untergebracht, bevor das Gebäude um das Jahr 1800 zum ersten Stadttheater von Schwäbisch Hall umgebaut wurde. 172 Zuschauer finden in dem neu renovierten Theatersaal Platz, den auch das Kino im Schafstall für sein anspruchsvolles Programm nutzt. Eine Karte kostet für Kinder 8 und für Erwachsene 10 Euro, für die »Faust«-Vorstellungen 15 beziehungsweise 18 Euro.

Viele Theaterstücke gehören zum Repertoire – für Kinder, Jugendliche und Erwachsene. Dabei sind Letztere bei den zauberhaften Märchenstücken von Gerhards Marionetten ebenso häufig vertreten wie Kinder. Und oft sind es nicht nur Eltern.

---

**GERHARDS MARIONETTENTHEATER**
Theater im Schafstall
Im Lindach 9
74523 Schwäbisch Hall
Telefon (07 91) 4 85 36
www.gerhards-marionettentheater.de

SCHWÄBISCH HALL | **FREILICHTSPIELE**

# *Neuer Intendant, neues Theater*

Im Grunde wären Besucher schon glücklich, an einem lauen Sommerabend auf dem Marktplatz zu sitzen und die traumhafte Kulisse auf sich wirken zu lassen. Auf der großen Treppe von Schwäbisch Hall wird aber auch Theater gespielt – und zwar professionell.

Die Freilichtspiele auf der Treppe der Kirche St. Michael gehören untrennbar zur Identität der Stadt. Gegründet wurden sie 1925 als »Jedermann-Festspiele« vom damaligen Direktor des Haller Kurtheaters Robert Braun. Mit Christian Doll, ehemals Intendant und künstlerischer Geschäftsführer der Gandersheimer Domfestspiele, ist von der Saison 2017 an Intendant Nummer sechs für die künstlerische Ausrichtung verantwortlich.

Veränderungen stehen auch bei den Spielstätten an. Das hölzerne Globe-Theater am Kocherufer, im Jahr 2000 als zweite Spielstätte neben der traditionsreichen Treppe eröffnet, ist abgebaut worden. An seiner Stelle entsteht 2017 ein ganzjährig bespielbarer Neubau, der 2018 eröffnet werden soll. 7,5 Millionen Euro lässt sich die Stadt ihr neues Theater kosten. Hier soll auch künftig Kinder- und Jugendtheater gespielt werden, ist von Doll zu erfahren, sowie »Neues, Ungewöhnliches«. Man darf gespannt sein.

Am Konzept, künstlerischen Anspruch und Unterhaltung zusammenzuführen, wird sich wohl nichts ändern. Mindestens drei, manchmal vier Inszenierungen, gespielt auf den 53 Stufen der großen Treppe, bilden den Kern der Festspiele. Wie an anderen Festspielorten auch waren in den letzten Jahren vor allem Musicals die Publikumsmagneten. Klassisches Sprechtheater haben sich die Macher bisher ebenfalls geleistet. Denn zwei Drittel des Etats von immerhin 2,7 Millionen Euro muss der Verein über

den Ticketverkauf erzielen, den Rest steuern Stadt und Land bei. Hotels und Gastronomie bieten dazu Arrangements an.

Wenn von Mai an die Proben auf der großen Treppe beginnen, können Theaterfreunde schon mal spicken, was sie in der Saison erwartet. Die Künstler müssen sich die Inszenierungen nämlich in aller Öffentlichkeit erarbeiten. Da kann es schon mal vorkommen, dass Passanten spontan Zwischenapplaus geben.

Auch an vielen weiteren Orten in Hohenlohe wird Sommertheater gegeben. Amateure engagieren sich bei den Burgfestspielen Schloss Stetten, beim Künzelsauer Theater im Fluss, bei den Burgschauspielen Leofels, beim Theater in Braunsbach, beim Reubacher Sommertheater und beim Laienschauspiel Mainhardt.

---

**Freilichtspiele Schwäbisch Hall**
Im Haal 14
74523 Schwäbisch Hall
Telefon (07 91) 75 16 00
www.freilichtspiele-hall.de

SCHWÄBISCH HALL | **KLOSTER COMBURG**

# *Umrunden empfohlen*

Hoch über dem Kochertal erhebt sich wehrhaft und majestätisch das Kloster Großcomburg – ein Monument von europäischem Rang. Für zwei Kostbarkeiten ist es bekannt: das vergoldete Antependium und den romanischen Radleuchter.

Die Comburg hat eine wechselvolle Geschichte: Gegründet im Jahr 1078, erlebte die burgartige Anlage mit ihren Mauern, Türmen, Kapellen und Gebäuden ihre erste Blüte während der Stauferzeit. Ende des 15. Jahrhunderts wurde sie zum Chorherrenstift umgewandelt. Nach der Säkularisation diente die Großcomburg als Garnison für ein Ehren-Invaliden-Corps, Mitte der 1920er Jahre entstand hier eine der ersten Heimvolkshochschulen in Württemberg. Auf Hitler-

jugend, Reichsarbeitsdienst, Kriegsgefangene und Zwangsarbeiter folgten Pädagogen: Heute ist die Großcomburg unter anderem Sitz einer Staatlichen Akademie für Lehrerfortbildung.

Drei romanische Türme und der Umbau in der Barockzeit prägen die gewaltige Stiftskirche St. Nikolaus. Sie beherbergt mit dem Altarantependium – eine Altarverkleidung aus Gold, Silber und geschliffenen Steinen – ein Meisterwerk der Goldschmiedekunst des 12. Jahrhunderts. Die Tafel zeigt das Jüngste Gericht: Christus als Weltenrichter, rechts und links flankiert von den zwölf Aposteln.

Einzigartig ist auch der romanische Radleuchter aus dem 12. Jahrhundert mit einem Durchmesser von fünf Metern und einem Umfang von etwa 16 Metern. Auf zwei geschmiedeten Eisenringen sind zwölf vergoldete Kupferbleche montiert, die jeweils vier Kerzen tragen. Zwischen den Kupfertafeln sitzen fein ausgearbeitete, unterschiedliche Türme, ebenfalls zwölf. Der gesamte Leuchter ist reich geschmückt mit Ornamenten, Figuren und Reliefs. An den höchsten christlichen Feiertagen werden in der Kirche die elektrischen Lichter gelöscht und die Kerzen am Radleuchter angezündet – ein Erlebnis auch für Nicht-Christen.

Geöffnet ist die Kirche nur während der Gottesdienste und bei Führungen (Erwachsene 5 Euro, Familien 12,50 Euro). Auch klassische Konzerte und Lesungen finden hier statt, über Termine informiert der Kalender der Stadt Schwäbisch Hall (www.schwaebischhall.de).

Frei zugänglich und empfehlenswert ist der 420 Meter lange Wehrgang, der rund um die gesamte Anlage führt. Maueröffnungen bieten großartige Ausblicke auf die Stadt und die Zwillingsschwester der Großcomburg, die Kleincomburg. Die 1108 gestiftete Kirche St. Ägidius ist ein wunderschönes Bauwerk der Romanik auf einem Hügel gegenüber.

---

**Kloster Grosscomburg**
Comburg 5
74523 Schwäbisch Hall-Steinbach
Telefon (07 91) 93 81 85 (Führungen)
www.kloster-grosscomburg.de

## WEIKERSHEIM | **SCHLOSS**

# *Zwerge im Prachtgarten*

Mit einigem Recht gilt es als das schönste der an Schlössern nicht armen Region Hohenlohe: Schloss Weikersheim und sein barocker Prachtgarten liegen eingebettet im »lieblichen Taubertal« (so der Werbeslogan) im Norden von Hohenlohe.

1586 begann Graf Wolfgang von Hohenlohe mit dem Ausbau der ehemaligen Wasserburg. Auf dem Grundriss eines gleichschenkligen Dreiecks entstand das Renaissanceschloss, das bereits barocke Ansätze in sich trug. Einen Höhepunkt der südwestdeutschen Renaissancebaukunst stellt der farbenfrohe, um 1600 entstandene, reich dekorierte Rittersaal dar. Er ist einer der am besten erhaltenen Festsäle dieser Zeit. Berühmt ist die weit gespannte Saaldecke vor allem wegen ihrer mit farbenfrohen Jagdszenen bemalten Kassetten.

Anfang des 18. Jahrhunderts übernahmen Graf Carl Ludwig von Hohenlohe, ein Nachfahre aus dem weit verzweigten Geschlecht derer von Hohenlohe, und seine Frau Fürstin Elisabeth Friederike Sophie den Besitz. Sie machten aus Weikersheim eine barocke Residenz, ließen das Schloss zu der noch heute erhaltenen Gestalt umbauen – und vor allem den prachtvollen Lustgarten im Stil von Versailles anlegen.

Die besondere Atmosphäre verdankt der Schlossgarten neben der Blütenpracht dem Reichtum an Figuren, die noch vollständig aus der Entstehungszeit des barocken Gartens erhalten sind. Sie bevölkern ihn an allen gestalterisch wichtigen Punkten. Berühmt sind die Zwergenfiguren, in denen Mitglieder des Hofstaats verewigt wurden. Zu den grotesken Wesen gesellen sich Figuren antiker Götter. Ungewöhnlich sind die Darstellungen der vier Winde, die die vier Ecken des Schlossgartens markieren.

Für die vielen exotischen Kübelpflanzen entstand die große Orangerie, die zugleich als triumphaler Abschluss des Gartens ein vergoldetes Reiterstandbild des Grafen rahmte. Alles in allem ein fürstliches Paradies des 19. Jahrhunderts auf kleinstem Raum.

Ins Schloss gelangen Besucher im Rahmen einer Führung. Der Garten jedoch ist gegen Eintritt zugänglich und lädt zum Flanieren geradezu ein. Geöffnet ist vom 1. April bis 31. Oktober täglich von 9 bis 18 Uhr; in den anderen Monaten täglich von 10 bis 12 sowie von 13 bis 17 Uhr.

Im Rahmen des Hohenloher Kultursommers findet im Schloss, das auch eine renommierte Musikakademie beherbergt, am ersten Juliwochenende ein großes Musikfest statt. Die Weikersheimer Altstadt mit ihrem architektonisch geschlossenen Marktplatz und den vielen kleinen Gässchen ist ebenfalls einen Besuch wert.

---

**Schloss und Schlossgarten**
Marktplatz 11
97990 Weikersheim
Telefon (0 79 34) 9 92 95-0
www.schloss-weikersheim.de

*Im bis heute landwirtschaftlich geprägten Hohenlohe ist die Tier- und Pflanzenwelt weitgehend unberührt geblieben. Naturburschen & -mädels können auf einer Entdeckungsreise im Land zwischen Kocher und Jagst so manche idyllische Plätzchen für sich entdecken.*

FAMILIEN

GENUSSMENSCHEN

KULTURFANS

**NATURBURSCHEN**

QUALITÄTSBEWUSSTE

ROMANTIKER

SPORTSFREUNDE

BLAUFELDEN | **NATURWIESEN**

# *Bunte Revolution*

Jürgen Drews hat Mitte der 1970er das »Bett im Kornfeld« besungen. Reinlegen darf man sich in das Kornfeld der Firma Saatgut Rieger-Hofmann in Blaufelden-Raboldshausen nicht, aber durch die zauberhaft blühenden Anlagen rund um den Ort spazieren.

Natur inmitten der Natur empfehlen? Das klingt absurd. Doch bunte Blumenwiesen sind inzwischen selbst im ländlichen Hohenlohe ein eher seltener Anblick. Nicht so in Raboldshausen. Dort sorgt der Wildblumen-Farmer Ernst Rieger mit seinen einheimischen Wildblumensamen dafür, dass es rund um den kleinen Ort bei Blaufelden wie wild blüht. Das ist vor allem im Frühsommer ein Schauspiel für Naturfreunde – »wenn sie keinen Müll hinterlassen und uns nicht bei der Arbeit stören«.

Denn Arbeit gibt's genug. Vor bald 35 Jahren hat sich der frühere Schweinebauer ganz den Wildkräutern und -blumen verschrieben und mit dem Sammeln und Vermehren von Wildsamen begonnen – gegen heftigen Widerstand der Saatgutindustrie, die ihn sogar vor den Kadi zerrte. Heute ist Rieger der größte Wildblumenanbieter Mitteleuropas und vermehrt rund 400 Wildarten, um Saatgut aus gebietsheimischen Wildblumen, -gräsern und -gehölzen zu gewinnen.

Gebietsheimische Samen sind seine Spezialität. Dafür hat Rieger Deutschland in 22 Ursprungsgebiete unterteilt und diese in acht Produktionsräume zusammengefasst – vom Nordwestdeutschen Tiefland über das Westdeutsche Berg- und Hügelland bis zum Süddeutschen Berg- und Hügelland. Denn was im Norden wächst, passt nicht auf die Schwäbische Alb. Zuerst werden an über 50 Standorten in alten, naturnahen Beständen Samen von Wildarten gesammelt. Mit diesen Samen bauen er und seine Ver-

tragspartner in ganz Deutschland die jeweils passenden Pflanzen an und vermehren ihre Samen. 55 Hektar sind es auf den Äckern der Riegers rund um Raboldshausen, 500 Hektar deutschlandweit.

»Aus den Samen machen wir dann die Mischungen für den jeweiligen Standort«, erklärt Rieger. Seine Kunden sind vor allem Kommunen, die etwa Blumenwiesen oder Schmetterlingssaum einer langweiligen Rasenfläche vorziehen. Die Mischungen aus Raboldshausen begrünen den Stadt- und Siedlungsbereich, Verkehrsinseln oder Dächer von Hochhaussiedlungen. Damit politischer Druck entsteht, verteilt der pfiffige Naturfreund gerne kleine Päckchen mit Natursamen an Privatpersonen, denn er weiß: »Revolutionen kommen immer von unten.« Auch mit Samen kann man die anzetteln.

---

**Rieger-Hofmann GmbH**
In den Wildblumen 7–11
74572 Blaufelden-Raboldshausen
Telefon (0 79 52) 92 18 89-0
www.rieger-hofmann.de

BRAUNSBACH | **NATURCAMPING**

# *Zwischen Fluss und Kuhweide*

Wer vor lauter alten, Schatten spendenden Bäumen weder Zelte noch Campingwägen sieht, ist angekommen: Der Naturcampingplatz Braunsbach am Kocher heißt nicht nur so, er ist ein Naturidyll.

Am Kocherufer schnattern die Enten, an der Waldseite weiden die Kühe auf Streuobstwiesen, auf der Terrasse des hübschen Hauptgebäudes genießen Camper, Wanderer und Radfahrer ein kühles Radler sowie ein zünftiges Vesper mit Hohenloher Spezialitäten. Das Zusammentreffen kommt nicht von ungefähr, denn der Braunsbacher Naturcampingplatz ist nicht nur ein idyllischer Fleck, sondern auch ein idealer Ausgangspunkt für Rundwanderungen oder Touren auf dem Kocher-Jagst-Radweg.

Die beiden Mittvierziger Bärbel und Dietmar Sorg haben den traditionsreichen Platz vor kurzem übernommen. Er ist Aussteiger – zuvor hat er als IT-Fachmann in Stuttgart gearbeitet –, und beide wissen als leidenschaftliche Camper, was ihre Klientel sucht: Ruhe und das Gefühl, willkommen zu sein. Dafür sorgen auch kleine Extras wie etwa der tägliche Brötchenservice. Gäste, die sich sportlich betätigen wollen, können Boule und Tischtennis spielen oder mit einem Kanu auf Entdeckungstour gehen.

»Wir haben einige Dauercamper und vor allem Gäste aus Baden-Württemberg«, erzählt Dietmar Sorg. Das liegt nahe. Ungewöhnlicher sind die holländischen Radtouristen, die hier Station machen. Die Erklärung: Braunsbach liegt auf dem Weg von Amsterdam nach Rom. Da biegen schon zwei abgekämpfte niederländische Biker um die Ecke. Nach der freundlichen Begrüßung weist der Hausherr dem Paar einen idyllischen Platz zu, auf dem sie ihr Zelt aufschlagen können.

Wer keines mitgebracht hat, kann in zwei einfachen Übernachtungshütten unterkommen (15 Euro) oder gleich eines der beiden Holzhäuschen mit Kochstelle mieten (2 Personen für 50 Euro). Strom und Frischwasser an den 80 Plätzen sowie ein gepflegtes Sanitärgebäude mit Waschmaschine und Trockner sind selbstverständlich. Wer trotz der Abgeschiedenheit nicht ganz abschalten kann: Kostenloses WLAN gibt's auch.

Petrijünger bekommen bei den Sorgs eine Angelkarte, um sich ihr Abendessen direkt aus dem fischreichen Kocher zu holen und am Grillplatz zuzubereiten. Und wenn's mal regnet, ist es nicht weit in die ehemalige Reichsstadt Schwäbisch Hall mit ihrem beeindruckenden Kulturangebot oder der erholsamen Solequelle. Geöffnet ist der Naturcampingplatz Braunsbach von 1. April bis 30. September.

---

**Naturcamping Braunsbach**
Im Brühl 1
74542 Braunsbach
Telefon (0 79 06) 94 06 73
www.camping-braunsbach.de

FORCHTENBERG | **KETTENSÄGEN**

# *Sein eigenes Kunstwerk schaffen*

»Lieben Sie Holz? Wir auch!« steht auf der Postkarte, die uns zu Edwin Karl in den Schleierhof bei Forchtenberg führt. Der Mann mit den strahlend blauen Augen gestaltet Holz und hilft Laien, sich in seiner Werkstatt selbst an Skulpturen zu versuchen.

Edwin Karls Klangbäume sind beeindruckende Kunst-Erlebnis-Werke. Rund drei Meter hoch und 80 Zentimeter dick ist das Stück Bergtanne, das Karl vor dem »Brennholztod« gerettet hat. Minutiös hat der Künstler das Holz ausgehöhlt, die Fläche außen wie innen fein geschliffen und über einem großen Loch an der Seite Saiten gespannt. Im Innern des großen Resonanzkörpers stehend fühlt man die Töne förmlich am ganzen Körper. Aus einem Stamm sind auch ineinander verschlungene Teile geschnitzt, die Karl Ring- und Kettenskulpturen nennt. Unwillkürlich wandert der Blick über die Oberflächen. Der Autodidakt beobachtet die Suche und lacht: »Nein, hier ist nichts zusammengeleimt.«

»Kunst am Stumpf« nennt Karl sein Konzept, Naturfreunden den Abschied von einem abgestorbenen Baum im Garten zu erleichtern. Aus dem Rest des »grünen Freunds«, wie er den Baum nennt, gestaltet er vor Ort eine Skulptur. Auch auf Veranstaltungen wie Landesgartenschauen lässt sich Karl beim Schausägen zuschauen.

Für die Arbeit mit dem lebendigen Werkstoff Holz braucht es Erfahrung, Talent und – Liebe. Karl erzählt von einem Trommelbaukurs, an den er sich oft erinnert. Zunächst war alles wie gewohnt: Die Teilnehmer fällten gemeinsam einen Baum und zersägten ihn in Stücke der gewünschten Länge. Anschließend wurden die Rohlinge ausgehöhlt und nach dem Trocknen mit gegerbtem Rehleder bespannt. Eine Kursteilnehmerin wollte nun

doch nicht selbst Hand anlegen und schickte ihren Mann vor, die Arbeit für sie zu erledigen. Immer wieder kritisierte sie zwischendurch sein Werk. Das Resultat der Besserwisserei: Der Rohling zersprang in zwei Hälften und ließ sich partout nicht mehr zusammenleimen.

In einem eintägigen Schnitzkurs vermittelt Karl die Grundlagen, der eigenen Kreativität Ausdruck zu verleihen. Mit Motorsäge, Flex, Stechbeitel oder Schnitzmesser arbeiten die Teilnehmer aus einem Stamm die ihm innenwohnende, von ihnen selbst entdeckte Form heraus. 150 Euro Kursgebühr zuzüglich Materialkosten berechnet Karl pro Teilnehmer. Wer keine eigene Kettensäge mitbringt, kann sie gegen eine Gebühr ausleihen – und am Ende des Tages sein eigenes Kunstwerk mit nach Hause nehmen.

---

**Holzgestalten**
Edwin Karl
Hofstraße 13
74670 Forchtenberg-Schleierhof
Telefon (0 79 47) 94 32 01
www.holzgestalten.info

OBERROT | **GOLFEN**

# *Green grenzt an Grün*

Inmitten des Naturparks Schwäbisch-Fränkischer Wald liegt einer der schönsten Golfplätze der Region. Beim Bau der Anlage wurde auf Ökologie geachtet. Rund ums Green nisten Schwarzstörche und Zaunkönige, blühen Margeriten und Salbei.

Die herrliche Landschaft rund um den kleinen Ort Frankenberg mit sanften Hügeln, alten Obstbäumen und ausgedehnten Wäldern bietet den Rahmen für den Neun-Loch-Golfplatz des Golfclubs Oberrot-Frankenberg. Gäste sind jederzeit willkommen (Tagesgreenfee 45 Euro, am Wochenende 55 Euro; Jugendliche und Studenten zahlen die Hälfte). Anfänger können an der Dri-

ving Range den Abschlag üben und anschließend versuchen, auf dem Sechs-Loch-Kurzplatz zu putten – sprich: den Ball ins Loch zu bringen. Der Club lockt nämlich mit einem Jubiläum-Probier-Paket für 25 Euro. Es umfasst zwei Stunden Training sowie das Recht, einen Monat lang alle Übungsanlagen zu nutzen. Wer Mitglied werden will, zahlt 700 Euro Jahresgebühr.

Wie wenig in die Natur eingegriffen wurde, ist von der Terrasse des hoch gelegenen Clubhauses aus zu sehen. Der kurz gehaltene dichte Golfrasen – das Green – grenzt direkt an natürliche Wiesen und Getreideäcker; schmale Pfade durch die Biotope verbinden die Bahnen. In den vergangenen Jahren wurden darüber hinaus 300 Obstbäume gepflanzt. Äpfel, Zwetschgen und Co. werden zu Marmelade verkocht, mit dem Verkauf wird die Nachwuchsarbeit unterstützt.

Erst bei der Rundfahrt im Golf-Cart wird dem Gast die Größe der Anlage bewusst. Wolfgang Schulz, ein Gründungsmitglied, steuert das elektrisch betriebene Fahrzeug und gerät ins Schwärmen angesichts der »sportlichen und anspruchsvollen Anlage«. »Die reine Bahnlänge beträgt sechs Kilometer«, erklärt er, »aber man läuft schon zehn Kilometer.«

An diesem Sonntag sind viele Paare auf dem Platz unterwegs. Man kennt und grüßt sich, die Atmosphäre ist familiär. Immer wieder kehren Spieler für eine Pause ins Clubhaus ein, das auch Nicht-Golfern offensteht, und trinken einen »kleinen Golfer« – Grapefruitsaft, Wasser und Bitter Lemon. Zu essen gibt's natürlich auch. Wer ins Schwitzen geraten ist, für den stehen Duschen und Umkleideräume bereit – »alles, was auch ein großer Club bietet«, sagt Geschäftsführer Adam Gerich stolz. Die sanitären Anlagen dürfen übrigens auch Urlauber nutzen, wenn sie mit ihrem Wohnmobil auf einem der Stellplätze Station machen.

---

**Golfclub Oberrot-Frankenberg**
Höhenstraße 54
74420 Oberrot-Frankenberg
Telefon (0 79 77) 86 01
www.golfclub-oberrot-frankenberg.de

ÖHRINGEN | **HOFGARTEN**

# *Zurück zur Stille*

Die Landesgartenschau ist Geschichte, das große Publikum weitergezogen. Jetzt gehört der barocke Hofgarten wieder den Öhringer Bürgerinnen und Bürgern – und Naturfreunden, die den alten Baumbestand in dem schönen Park in Ruhe genießen wollen.

Am Anfang gab's einen Aufstand. Bäume fällen ist seit den Ereignissen rund um Stuttgart 21 auch in Hohenlohe ein kritisches Unterfangen. Doch die 300 Jahre alte Gartenanlage und vor allem der überalterte Baumbestand mussten aus gärtnerischer Sicht für die Zukunft fit gemacht werden. Die Kritiker sind mittlerweile verstummt.

Teile des Parks wurden nach alten Plänen rekonstruiert, das großzügige Rasenparterre erneuert, tausende Stauden auf dem historischen, vor rund 300 Jahren angelegten Gelände mit den alten Bäumen gepflanzt. Jetzt setzen links und rechts des französischen Gartens zwei Alleen mit Säulenhainbuchen klare Blickachsen vom Hoftheater hin zum barocken Schloss – ein anmutiges Spalier, durch das sich herrlich flanieren lässt.

Sehenswert sind neben dem barocken Hoftheater, in dem heute Veranstaltungen stattfinden, die historischen Gewächshäuser sowie das Tiergehege. Der Hofgarten ist ein Treffpunkt mit Angeboten für alle Generationen: Unter dem Schatten der Flügelnussbäume finden sich ein Wassergarten, Blumenbeete, Sitzebenen aus Holz und ein neuer Spielplatz für Kleinkinder.

Durch die Öhringer Altstadt führt zudem ein Heilkräuterpfad mit acht Stationen. Er erinnert an die heilkundige Gräfin Anna Magdalena, die als Witwe auf Schloss Öhringen lebte. Am südlichen Rand der Altstadt, am Stadtgraben, sind rund 80 Heilpflanzen nach medizinischen Anwendungsgebieten in separaten Beeten gepflanzt.

Vom Hofgarten führt der so genannte Cappelrain, der als Ohrntalradweg befahrbar ist, entlang des Flüsschens. Die Ohrn ist aus ihrem Betonkorsett befreit und plätschert über eine Strecke von rund zwei Kilometern munter mäandrierend durch die Freizeitanlage des Städtchens – wo auch eine Skateranlage und ein Kletterturm entstanden sind – in Richtung Cappelaue.

Die früher landwirtschaftlich genutzten Flächen sind heute ein Ort der Erholung. Der moderne Landschaftspark mit Spazierwegen, Abenteuerspielplatz und Grünflächen bietet der Bevölkerung ein echtes Stück Lebensqualität. Und Besinnung auf die Geschichte: Unter dem Motto »Der Limes blüht auf« inszeniert eine rotlaubige Hecke das Unesco-Welterbe, das zuvor unsichtbar im Boden verlief.

---

**HOFGARTEN**
74613 Öhringen
Telefon (0 79 41) 68-1 18 (Tourismus-Information)
www.oehringen.de

SCHÖNTAL | **HEILPFLANZEN**

# *Für Mensch und Natur*

Was für ein schönes Schloss! Durchs Tal des Erlenbachs erreichen wir den Schöntaler Ortsteil Aschhausen mit dem alles überragenden Bau, der sich im Besitz der Familie von Zeppelin befindet. Unser Ziel ist bescheidener: der Heilpflanzen-Lehrpfad.

Das Heilen mit Pflanzen gehört zu den ältesten überlieferten Heilmethoden der Menschheit. In Aschhausen, das erstmals um das Jahr 1163 erwähnt wurde, entstanden im Laufe der Jahrhunderte verschiedene Landschaftsformen, in denen eine große Vielfalt heilender Kräuter ihren Platz fand. Diese Kräuter wollen wir auf dem rund 2,5 Kilometer langen Heilpflanzen- und Kulturlandschaftspfad erkunden.

Nicht von ungefähr ist der Pfad gerade hier entstanden. Unweit, auf Schloss Schöntal, haben die Mönche bereits im frühen Mittelalter mit Heilpflanzen gearbeitet. Die Klöster mit ihren Bibliotheken waren seinerzeit Quellen des Wissens. Auf eine Initiative aus der Bevölkerung hin haben das Landesamt für Geoinformation und Landesentwicklung und das Landratsamt Hohenlohekreis den Pfad gestaltet.

Startpunkt ist der neu gestaltete Dorfplatz in der Mitte Aschhausens mit einer übergroßen Holzskulptur in Pferdeform. Alte Steinmauern umrahmen ein kleines Apothekergärtchen mit heute fast unbekannten Heilpflanzen. Im Frühsommer stehen hier Schwertlilie und Schlafmohn in voller Blüte. Vom Apothekergarten führt der mit der blauen Wegwarte ausgeschilderte Pfad an der Kirche vorbei hinauf auf die Flur. Auf gut befestigten Wegen verläuft er zunächst oberhalb einer Hangkante, von der sich eine großartige Aussicht auf das Schloss Aschhausen bietet. Dieses ist im Besitz derer von Zeppelin, jener Familie, der mit Graf Zeppelin der bedeutendste Pionier der Luftfahrt entstammt. Es geht an Feldern vorbei, an wilden Hecken und schönen alten Obstwiesen, hinunter ins romantische Erlenbachtal. Entlang des Weges informieren uns zwölf Schautafeln über die Geschichte und Heilkraft der Kräuter. Die vielen Pflanzen am Wegesrand locken Insekten und Schmetterlinge an. Bänke laden zum Verweilen ein, um dem Sirren der Libellen zu lauschen oder am Himmel dem Flug der Greifvögel zu folgen. Über Wiesenwege führt ein schmaler Pfad in ein kleines, verwildertes Wäldchen. Zuletzt erreichen wir entlang der üppigen Aschhäuser Bauerngärten – der Stolz einer jeden Hohenloherin – schließlich wieder den Dorfplatz. Das hölzerne Pferd heißt uns willkommen.

---

**BÜRGERMEISTERMAT**
Klosterhof 1
74214 Schöntal
Telefon (0 79 43) 91 00-0 (Führungen)
www.schoental.de
(Stichwort Lehrpfad Heilpflanzen)

SULZBACH-LAUFEN | **NATURPARKFÜHRUNG**

# *Wanderung mit Heimatkunde*

Idylle und Abgeschiedenheit: Der Uhlbachhof liegt bei Sulzbach-Laufen im südöstlichsten Zipfel Hohenlohes auf einer Rodung inmitten eines großen Waldes. Hier betreibt Familie Jäger einen Bauernhof mit Milchvieh, Legehennen und vielem mehr.

Auf dem Uhlbachhof lassen die Jägers die bäuerliche Kultur der Großfamilie wieder aufleben. Marit und Fritz führen gemeinsam mit Sohn Ricardo und Schwiegertochter Eva-Maria in achter und neunter Generation den traditionsreichen Hof; die zehnte Generation ist bereits auf der Welt. Besucher von nah und fern können auf dem großzügigen Anwesen Einblicke in die bäuerliche Arbeitsweise bekommen.

Alle aufkommenden Fragen zu Hohenlohe kann der jugendlich wirkende Senior-Chef als kundiger Naturparkführer beantworten. »Ja, das ist so richtig Heimatkunde«, sagt Jäger lachend. Bei thematischen Wanderungen im Schwäbisch-Fränkischen Wald hat er Interessantes zu Geologie, Geschichte, Fauna und Flora zu erzählen – und natürlich zur Landwirtschaft, seinem Hauptberuf. Gerne führt er seine Gruppen auf den nahe gelegenen, mehr als 38 Meter hohen Altenbergturm: »Hier können Sie Ihre Heimat sehen.«

Wichtigstes Standbein des Hofs sind die Milchkühe und ihre Kälber, für deren vorbildliche Haltung den Jägers der Tierschutzpreis des Landes verliehen wurde. Die Tiere leben in einem großen Offenstall mit Luft und Licht und haben jederzeit Auslauf auf die weiten Wiesen rund um den Hof. Unter den gefleckten Holsteinern sind einige braune Tiere – Limpurger, eine alte, vor rund vierzig Jahren fast ausgestorbene Hohenloher Landrasse. Zweites Standbein des Uhlbachhofs sind die Eier der rund 2000 Legehennen, die Marit Jäger an Gaststätten, Hotels, Bäckereien, Märkte und Privatkunden liefert.

Im Hofcafé oder auf der Terrasse davor genießen die Gäste selbst gebackenen Kuchen, Hefezopf und vieles mehr aus Marit Jägers Backstube. Schon als Kind hat die Bäuerin beim Backofenfest mitgearbeitet, das damals noch in ihrem Heimatort Schönenberg im Bauernmuseum, einem Vorläufer des Freilandmuseums Wackershofen, stattfand. Der gute Ruf eilt Marit Jäger voraus: Das Bauernhoffrühstück ist schnell ausgebucht.

Derzeit stellen die Jägers den Uhlbachhof auf biodynamische Landwirtschaft um. Ist das geschafft, werden sie ihre Demeter-Heumilch an die Dorfkäserei Geifertshofen liefern. Wie kann man das alles bewältigen und dabei noch so viel gute Laune versprühen? Marit Jäger hat die Antwort. Liebevoll schaut sie ihren Mann an: »Der Fritz hat uns gelehrt, dass Schaffe schön isch!«

---

**UHLBACHHOF**
Uhlbach 1
74429 Sulzbach-Laufen
Telefon (0 79 76) 2 13
www.uhlbachhof.de

*Die ausgezeichneten landwirtschaftlichen Erzeugnisse der Hohenloher Bauern sind über die Grenzen hinaus bekannt. Sympathieträger der Genießerregion ist das Schwäbisch-Hällische Landschwein, das die Menschen hier liebevoll Mohrenköpfle nennen.*

CREGLINGEN | **BAUERNHOFEIS**

# *Milch und Sahne von eigenen Kühen*

Cremig-zartes Milcheis oder fruchtig-frisches Sorbet? Hohenlohes bestes Bauernhofeis machen ganz im Norden Konrad und Petra Bender in dem kleinen Ort Sechselbach bei Creglingen. Mindestens 25 Sorten haben die Benders ständig im Programm.

Was machen Landwirte, wenn der Milchpreis ins Bodenlose fällt? Sie suchen sich ein zweites Standbein. Die Benders aus Sechselbach haben sich dafür entschieden, das Familieneinkommen mit Bauernhofeis aufzubessern. Im Juni 2004 haben sie einen kleinen Fabrikationsraum samt Eismaschine eingerichtet und sind in die Fabrikation eingestiegen. Unterstützt werden sie von ihren Eltern, die Väter übernehmen das Ausfahren der kühlen Ware.

Rund 40 Kühe und ihre Nachzucht stehen im Stall, durch die weit geöffnete Tür sieht man die Tiere friedlich ihr Gras fressen. Ihre rahmige Milch bildet die Hauptzutat fürs Bender-Sahne-Eis, dazu kommen Eigelb, Zucker, Sahne und der jeweilige Geschmack. »Wir verwenden nur natürliche Farb- und Geschmacksstoffe«, versichert Petra Bender, 33, und schält als Geschmacksprobe eine Kugel Vanilleeis aus dem Behälter. Dazu passt perfekt das frische Himbeer-Sorbet, das obendrauf kommt. Die Früchte stammen vom Bender'schen Hof oder werden tiefgekühlt dazugekauft.

Welche Sorten laufen am besten? »Vanille, Schokolade und Erdbeere«, antwortet die Bäuerin prompt. Bei Eis sind die Deutschen, scheint's, sehr konservativ. Manchmal überrascht die Kundschaft aber auch: Der jüngste Überraschungserfolg war die Geschmacksrichtung Kokos-Schokolade. »Wir haben auch mit Curry- und Karotteneis experimentiert«, sagt Konrad Bender – vielleicht ein interessantes Angebot für die Gastronomie? Feine

Restaurants gehören nämlich inzwischen zu den Hauptkunden. Auch in Hofläden, Regionalmärkten und auf Festen in Hohenlohe sind die leckeren Schleckereien aus Sechselbach zu haben.

Eishungrige klingeln einfach direkt am Hof, an dem als weithin sichtbares Zeichen eine große Eistüten-Attrappe steht, und stellen sich einen Becher zusammen oder nehmen gleich einen halben oder ganzen Liter in der Kühltasche mit. »Die Leute haben gemerkt, dass wir kein Nullachtfünfzehn-Eis machen«, sagt Konrad Bender voller Stolz. Fünf, manchmal sechs Tage die Woche läuft in den Monaten Mai bis August die Eismaschine.

Wie oft kommt bei Benders eigentlich Eis auf den Tisch? Konrad Bender grinst: »Öfter als in einem normalen Haushalt.« Lachend ergänzt seine Frau: »Wir essen halt die Reste!«

---

**Bender Eis**
Sechselbach 20
97993 Creglingen-Sechselbach
Telefon (0 79 33) 20 30 26
www.bendereis.de

FRANKENHARDT | **BLOOZ & CO.**

# *Uriges Bio-Getreide*

Freitags ist traditionell Blooz-Tag. Wer dann einen Platz im Hofcafé in Brunzenberg bei Frankenhardt sicher haben will, muss unbedingt reservieren. Das gilt auch für den Sonntag, der im Zeichen von Kaffee und selbstgebackenem Kuchen steht.

Helga und Walter Schöll in Brunzenberg bei Frankenhardt nehmen in vielerlei Hinsicht eine Vorreiterrolle in Hohenlohe ein. Ihr Hof war einer der ersten Bio-Betriebe in der Region. Als einer der ersten Höfe in Hohenlohe haben sie ein Hofcafé eröffnet. Und vor allem sind sie deutschlandweit Pioniere im Anbau von Urgetreide wie Emmer und Einkorn.

Seit mehr als 300 Jahren ist der Buchenhof in Familienbesitz. »Jegliche Art von Massentierhaltung war und ist gegen unsere

Überzeugung«, sagt Walter Schöll. So wusste er genau, dass sie eine Nische finden mussten, um als Familienbetrieb zu bestehen. 1984 haben Helga und Walter Schöll den 40 Hektar großen Betrieb daher auf biologisch-dynamische Wirtschaftsweise umgestellt.

Im Mittelpunkt der Landwirtschaft steht der Anbau von Urgetreide. Das Ehepaar kultiviert traditionelle und besonders vitale Getreidesorten wie Emmer, Einkorn, Kamut und Dinkel. Das Konzept des Buchenhofs lautet »Vom Korn zum Brot – ein geschlossener Kreislauf«. Vom Getreideanbau über die Verarbeitung des Demeter-Getreides zu Brot- und Backwaren bis hin zur Vermarktung – alle Schritte von der Produktion bis in den Einkaufskorb finden am Buchenhof statt. Das Urgetreide wird nach der Ernte in der eigenen Steinmühle gemahlen und im Holz- oder Steinbackofen gebacken. Synthetische Backmittel und künstliche Aromen sind selbstverständlich tabu. Vermarktet werden die Erzeugnisse auf regionalen Märkten sowie in Bio- und Naturkostläden der Region.

Das Rezept für den Blooz-Teig will Helga Schöll nicht verraten, das bleibt Betriebsgeheimnis. Über die Beläge gibt sie gerne Auskunft. »Besonders beliebt ist Birne-Gorgonzola«, sagt sie. Die Kostprobe bestätigt: saftig, fruchtig, würzig schmeckt das Stück, das die freundliche Bedienung vom Holzbrett serviert. Bezahlt wird pro Stück (2,50 Euro).

Das Hofcafé ist auch ein Ort, um die Hohenloher Kultur kennen zu lernen. Hier finden immer wieder Konzerte oder Lesungen statt. Manchmal schlüpfen Helga und Walter Schöll in traditionelle hohenlohische Trachten und bringen den Gästen hautnah in geistreichen und humorvollen Vorträgen die heimische Bauernkultur näher.

---

**Buchenhof**

Walter und Helga Schöll
Brunzenberg 2
74586 Frankenhardt-Brunzenberg
Telefon (0 79 59) 8 37
E-Mail: backstube-buchenhof@web.de

GEIFERTSHOFEN | **DORFKÄSEREI**

# *Natur, die man schmeckt*

Fachwerkhäuser flankieren die kleine Kirche, in den Bauerngärten summen Bienen, dazu plätschert ein alter Dorfbrunnen: Geifertshofen ist ein Dorf wie aus dem Bilderbuch. Hier erzeugt die Dorfkäserei, die den Namen des Ortes trägt, hochwertigen Heumilchkäse.

Um ein Haar wäre die Dorfkäserei Geifertshofen Geschichte gewesen: Ende März 2014 ging die Bioland-Käserei in die Insolvenz; aber dann startete die Bäuerliche Erzeugergemeinschaft Schwäbisch Hall (BESH) eine groß angelegte Rettungskampagne. Die Dorfkäserei Hohenlohe AG wurde ins Leben gerufen. Heute gibt es 750 Aktien zu je 500 Euro – in Händen von Einzelpersonen, Landwirten, Kommunen und Verbänden.

Unter den Aktionären ist auch die BESH, die zu etwa 20 Prozent an der Dorfkäserei Hohenlohe beteiligt ist. Davon profitieren beide Seiten: Der Geifertshofener Bio- und Demeterkäse wird auch über die rund 500 Fachmetzgereien deutschlandweit vertrieben, die bereits Fleischwaren von der BESH beziehen. Dazu kommen Bioläden und Delikatessgeschäfte in der ganzen Republik.

Gerettet ist mit der Dorfkäserei auch die Existenz der elf Hohenloher Heumilchbauern, deren Ware das Rohprodukt für die leckeren Käsesorten aus Geifertshofen bildet. Bei der Fütterung ihrer Tiere verzichten die Landwirte das ganze Jahr über auf Silage, wie das Gärfutter genannt wird. Im Sommer futtern die Kühe saftiges Gras und frische Kräuter auf den Wiesen, im Winter bekommen sie sonnengetrocknetes Heu. Der Aufwand, den die Bauern betreiben, wird angemessen honoriert und orientiert sich an den tatsächlichen Kosten. Wer Käsespezialitäten aus Geifertshofen kauft, trägt zum Erhalt bäuerlicher Landwirtschaft und dem traditionellen Handwerk bei.

Traditionelle Handwerkskunst wird groß geschrieben, davon können sich Käsefreunde mit Blick in die rundum verglaste Schau-Käserei in Geifertshofen selbst ein Bild machen. Ist die Heumilch zu Käse verarbeitet, reifen Imberger, Bühlertaler und Co. mit Naturrinde über Monate in den großen Ziegelgewölbekellern der Käserei. Chemische Zusätze sind tabu, jede der zwölf Sorten hat ihr eigenes Aroma. Dazu kommen saisonale Besonderheiten wie der beliebte Holunderkäse. Wer Appetit bekommen hat: Im Käseladen der Dorfkäserei können die Heumilchkäsesorten vor Ort verkostet und natürlich auch gekauft werden. Jedes zweite Wochenende ist zudem das angeschlossene Gasthaus Ochsen geöffnet, in dem die Käsespezialitäten ebenfalls auf den Tisch kommen.

---

**DORFKÄSEREI GEIFERTSHOFEN**
Bachstraße 2
74426 Geifertshofen
Telefon (0 79 74) 9 11 77-0
www.dorfkaeserei.de

LANGENBURG | **SCHAFSKÄSE**

# Ausgezeichneter Roque-blue

Norbert Fischer, seine Frau Berit und Sohn Wendelin betreiben bei Langenburg gemeinsam eine Demeter-Schafskäserei mit 180 Mutterschafen. In über 20 Jahren hat die Familie die Kunst des Käsemachens perfektioniert.

Hartkäse, Schafeta, Schaf-Camembert, Hirtenkäse oder der von der Zeitschrift »Feinschmecker« ausgezeichnete Blauschimmelkäse Roque-blue: Elf Käsesorten aus der aromareichen Rohmilch ihrer Schafe haben die Fischers bereits kreiert. Vertrieben werden sie auf Märkten in der Region, über Feinkostgeschäfte oder im kleinen Hofladen.

Vor einigen Jahren kam ein Catering-Unternehmer, der auf der Suche nach einem regionalen Erzeuger von Blauschimmel-

käse war, in den Hofladen der Fischers. In England, Frankreich oder Italien sind die »Blauen« verbreitet, aber in Deutschland? Im Internet stieß der Mannheimer schließlich auf den Namen Fischer und so machte er sich auf die Tour ins Hohenlohische. Der Käse hat ihn überzeugt – er ist seither im Sortiment.

Die Schäferei ist dem gebürtigen Nürnberger und Wahl-Langenburger nicht in die Wiege gelegt worden. Zunächst hat Norbert Fischer sechs Semester Theologie studiert, sich dann aber anders besonnen. Er sagt: »Mit der Natur, mit der Bewahrung der Schöpfung kann man sich ein Leben lang beschäftigen.«

Schon 1980 während der Landwirtschaftslehre auf einem Hof am Bodensee hat Norbert Fischer das Käsemachen gepackt. In Langenburg-Atzenrod pachteten die Fischers 1984 schließlich eine alte Hofstelle mit einem Hektar Land und kauften sich die ersten beiden Schafe. Die Selbstversorger begannen mit Käse zu experimentieren. Als die Autodidakten schließlich ein Schild an die Straße hängten, »da kamen die ersten Kunden«. Der Betrieb wuchs. 1993 stieg die Familie in die Landschaftspflege ein, um mit den Schafen das Jagsttal als traditionelle Kulturlandschaft zu erhalten.

Irgendwann platzten der alte Bauernhof in Atzenrod und die Käserei im ehemaligen Backhaus aus allen Nähten. Ein Neubeginn stand an. Aber wie finanzieren? »Was die Telekom kann, können wir auch«, sagte sich Fischer und gab Genussrechte an der Schafskäserei aus. Mehr als 100 Kunden sind heute beteiligt, ihr Zins – immerhin drei Prozent – ist Käse. Mit dem Geld wagten die Fischers den Ausbau hoch über dem Jagsttal. Seit 2006 betreiben sie nun ihren neuen, modernen, nach ökologischen Gesichtspunkten gebauten Demeterhof vor den Toren Langenburgs.

---

**Langenburger Schafkäserei**
Berit und Norbert Fischer
Breberweg 2
74595 Langenburg
Telefon (0 79 05) 4 75
www.schafkaese.com

MARKELSHEIM | **TAUBERSCHWARZ**

# *Leicht gekühlt genießen*

Der Tauberschwarz ist eine Rotweinsorte des Tauber- und Vorbachtals im Weinbaugebiet Tauberfranken – ein Grenzgänger zwischen Hohenlohe und dem benachbarten bayerischen Franken, wo der spezielle Wein ebenfalls vermarktet wird.

Seit dem 16. Jahrhundert wurde der Tauberschwarz als Teil des so genannten Huntsch angebaut, eines Weins, der als »gemischter Satz« aus unterschiedlichen, einfachen Weinen angebaut und gekeltert wurde und nicht dem Zehnt unterlag. Im Jahre 1726 benannte Graf Carl-Ludwig von Hohenlohe den noch namenlosen Rotwein erstmals in Weikersheim als »Tauberschwarz«.

Durch Rebflurumlegungen wurden von den 1950er Jahren an die Rebstöcke in älteren Anlagen gerodet, so dass der Tauberschwarz fast komplett von der Rebfläche verschwunden war. 1959 galt er sogar als ausgestorben, ehe man in einem Weinberg in Ebertsbronn im Vorbachtal auf die letzten verbliebenen Rebstöcke stieß. Durch züchterische Auslese belebte die Staatliche Lehr- und Versuchsanstalt in Weinsberg die Rebsorte wieder. Seitdem erlebt der Tauberschwarz eine Art Renaissance und ist eines der wichtigsten Aushängeschilder des »Lieblichen Taubertals«. Unter diesem Label wird die Region vermarktet.

Die Rebsorte ist überdies Passagier in der »Arche des Geschmacks« der Slow Food Stiftung für Biodiversität, und zwar mit folgender Begründung: »Sowohl die Geschichte der Rebe und ihre jahrhundertelange Bedeutung als Rotweinrebe für die Region als auch der sich auf die festumgrenzte Flusslandschaft der Tauber beziehende Name beweist, dass sie maßgeblich zur Identität der Region beiträgt.«

Wer also im Taubertal zu Gast ist, muss den besonderen Wein probiert haben. Denn er gilt als wahre Rarität – nur 14 Hektar wer-

den davon angebaut. Im Anbau tendiert der Tauberschwarz zur starken Ausbildung von Geiztrieben, die von Hand entfernt werden müssen. Zudem versucht sich die Rebe an allen sich bietenden Pfählen, Drähten und Gittern festzuklammern. Diese Merkmale bedeuten für den Winzer einen erheblichen Mehraufwand in der Weinbergsarbeit, um gute Qualitäten zu erreichen.

Im Hohenloher Gebiet wird der Tauberschwarz von den Weingärtnern Markelsheim und anderen Winzerfamilien angebaut und vermarktet. Einige lassen den leichten, unkomplizierten Rotwein im Holzfass reifen, damit er etwas mehr Fülle bekommt. Noch ein Tipp: Der Tauberschwarz sollte leicht gekühlt serviert werden.

---

**Weingärtner Markelsheim**
Scheuerntorstraße 19
97980 Bad Mergentheim-Markelsheim
Telefon (0 79 31) 90 60-0
www.markelsheimer-wein.de/tauberschwarz

PFEDELBACH | **DESTILLATE**

# *Sortenreiner Gfingldr*

Familie Mozer baut auf dem Lerchenhof bei Pfedelbach alte Obstsorten an, die sie zu feinen Destillaten verarbeitet. Mit ihrem Engagement sichert sie den Erhalt der für Hohenlohe typischen Streuobstwiesen und beschert Genießern köstliche Spirituosen.

Es gibt kaum eine angenehmere Form, die Natur zu schützen, als den Schnaps der Mozers zu trinken. Wer Destillate aus alten, lokalen Streuobst-Sorten wie Gewürzluiken oder Baldufferbirnen genießt, hilft mit, dass die alten Sorten genutzt und erhalten werden. »Balduffer-Birnbäume gibt es heute nur noch rund 100 Stück«, sagt Fritz-Martin Mozer stolz, »unsere sind rund 120 Jahre alt.«

Seit mehr als 100 Jahren ist der Lerchenhof in Familienbesitz. Er ist ein herrliches Stück Hohenlohe, auf einer klei-

nen Anhöhe gelegen, zwischen dem Ohrntal und Pfedelbach. In der klimatisch begünstigten Lage – »Wir sind die Toskana Hohenlohes«, sagt Senior Karl Mozer stolz – gedeihen Obst und Beeren besonders gut. Von 1984 an stellten Vater und Sohn den landwirtschaftlichen Mischbetrieb auf Obstbau um. Heute bauen die Mozers – zur Familie gehören neben Karl und Fritz-Martin die Ehefrauen Irene und Christine sowie die Söhne Constantin und Lennart – auf 24,4 Hektar Land Apfelsorten mit wohlklingenden Namen wie Rubinette, Glockenäpfel oder Elstar und Birnensorten wie Clapps Liebling, Gute Luise oder Williams Christ an.

Die Tafeläpfel und -birnen werden auf den Stuttgarter Großmarkt geliefert sowie im Hofladen verkauft. Die Mozers machen (auch sortenreinen) Apfelsaft, vor allem aber köstliche Destillate und Liköre, für die sie schon zahlreiche Preise eingeheimst haben. Liköre wie der mit Gold prämierte Stachelbeerlikör oder der Rubinettelikör sind die Spezialität von Fritz-Martin Mozer, Destillate das Steckenpferd von Karl Mozer. Dabei lässt sich der Senior immer wieder etwas Neues einfallen – Apfel-Bärlauch-Schnaps beispielsweise. Verkauft werden die guten Tropfen übers Internet oder in Feinkostgeschäften.

Eine besondere Spezialität sind die Brände der Marke »Gfingldr«. Unter dieser Bezeichnung vermarkten sechs Brenner aus Pfedelbach sortenreine Schnäpse, die ausschließlich aus alten Obstsorten gewonnen werden. Die Idee für den Namen hatte Karl Mozer: »Gfingldr« bedeutet nichts anderes als Schnaps. Das Wort stammt aus der Geheimsprache Jenisch, die früher in Pfedelbach beheimatete fahrende Leute sprachen. Der sortenreine Obstbrand ist sogar als Marke eingetragen.

---

**Obstanbau & Brennerei**
Fritz-Martin Mozer
Lerchenhof 1
74629 Pfedelbach
Telefon (0 79 41) 6 35 86
www.obstbau-mozer.de

WOLPERTSHAUSEN | **REGIONALMARKT**

# *Schaufenster der Region*

Die Mohrenköpfle, wie die schwarz-weißen Schweine in Hohenlohe genannt werden, sind die Sympathieträger der Region. Im Regionalmarkt Hohenlohe in Wolpertshausen werden aber nicht nur Fleisch und Wurst der Schwäbisch-Hällischen verkauft.

Die Auswahl ist beeindruckend. Mit rund 4000 Erzeugnissen aus heimischer Produktion ist der im Herbst 2007 eröffnete Regionalmarkt Hohenlohe der Bäuerlichen Erzeugergemeinschaft Schwäbisch Hall (BESH), direkt an der Autobahn 6 gelegen, das Schaufenster der Genießerregion Hohenlohe.

Im Mittelpunkt des 1200 Quadratmeter großen Markts steht die zwölf Meter lange Fleischtheke. Hier werden dicke Koteletts vom Schwäbisch-Hällischen Schwein, Dry-aged-Steaks vom Weiderind Boeuf de Hohenlohe oder Filets vom Hohenloher Weidelamm angeboten. Dazu kommen die vielen Echt Hällischen Wurstsorten – auch Hausmacher Art – und Schinken, die nach dem »Reinheitsgebot« der Hohenloher Bauern hergestellt werden. Das heißt: handwerklich und ohne Zusatzstoffe.

Das Premiumprodukt schlechthin ist das Schwäbisch-Hällische Eichelmastschwein, das von Frühling bis in den Herbst hinein auf der Weide gehalten wird. Der nussige Schinken, der 16 Monate am Knochen reift, ist ganzjährig zu haben. Das kräftig marmorierte Frischfleisch mit der dicken Speckauflage wird nur im Spätherbst angeboten. Auch Käsefreunde kommen im Regionalmarkt Hohenlohe auf ihre Kosten: Alle Sorten der Dorfkäserei Geifertshofen, der Schafskäserei Fischer aus Langenburg, Ziegenkäse vom Zick de Hohenlohe sowie Sorten anderer regionaler Erzeuger sind zu haben.

Bio-Pfeffer aus Indien? Rosenpaprika aus Serbien? Oder lieber Hohenloher Senf, dessen Saat rund um Wolpertshausen ge-

wachsen ist? Bio-Gewürze von Ecoland Herbs & Spices sorgen für den guten Geschmack der Echt Hällischen Wurst. Im Regionalmarkt können die zahlreichen Erzeugnisse der Gewürzmanufaktur beschnuppert und gekauft werden.

Feine Schnäpse, Hohenloher Weine und Biere – darunter das dunkle Mohrenköpfle-Bier der Haller Löwenbrauerei –, »Holunderzauber«-Sekt, Kartoffeln aus dem Mainhardter Wald, Benders Bauernhofeis, Marmelade von Hohenloher Bäuerinnen und Langenburger Wibele: Die erstklassigen Erzeugnisse der Region, darunter viele Bio-Produkte, machen den Regionalmarkt zum »kulinarischen Wallfahrtsort Hohenlohes«, sagt BESH-Gründer Rudolf Bühler. Selbstbewusst weisen an den Regalen kleine Schilder auf die Herkunft hin – »Aus der Region« .

---

**REGIONALMARKT HOHENLOHE**
Birkichstraße 10
74549 Wolpertshausen
Telefon (0 79 04) 9 43 80-10
www.regionalmarkt-hohenlohe.de

*Idyllische Fachwerkstädtchen, lauschige Plätze und malerische Landschaften lassen die Herzen von Traumtänzern höher schlagen. Menschen, die Abgeschiedenheit, Ruhe und Frieden suchen, können in Hohenlohe einfach nur die Seele baumeln lassen.*

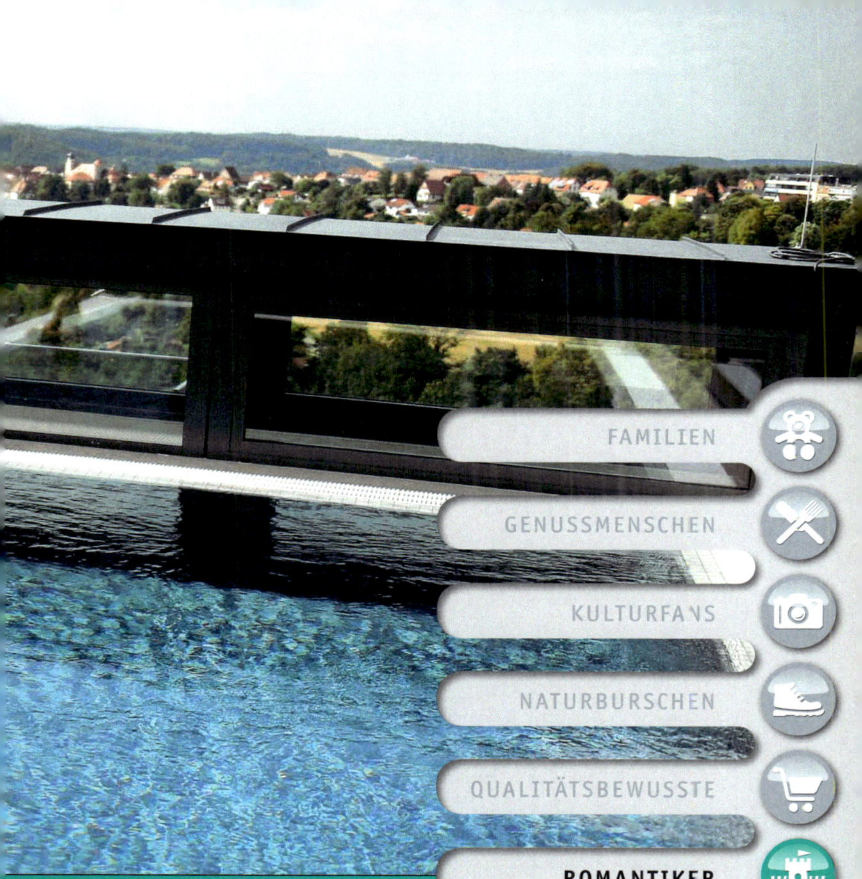

BÄCHLINGEN | **PICKNICK**

# *Prickelnder Naturgenuss*

Die Jagstinsel der Mosesmühle in Bächlingen ist ein romantisches Fleckchen Erde, das wie gemacht ist für ein Picknick. Für prickelnden Genuss sorgt der Holunderzauber des Bächlingers Bernulf Schlauch, der hier auf Wunsch auch Sektproben veranstaltet.

Unter einem Bogen hindurch treten wir von der Straße aus ein und hinaus auf die grüne Insel der Mosesmühle in Bächlingen bei Langenburg. Die Jagst schickt ihr Wasser über das bemooste Wehr, gegenüber plantschen Jung und Alt im Tiefen, Libellen tanzen über den üppigen Uferpflanzen, zwischen Mühlkanal und Flüsschen tummeln sich Wasservögel. Über den Mühlkanal sind Haus und Terrasse gebaut. In der Remise des ehemaligen Mühlen- und Sägewerkbetriebs war früher ein Restaurant; heute wird es für Feste vermietet. Der Biergarten lädt ab Mai bei schönem Wetter samstags und sonntags von 12 bis 19 Uhr ein. Wer länger bleiben will, nistet sich in der hübschen Ferienwohnung Lissi's Stube ein.

Das Bier im Biergarten ist gut. Noch besser aber schmeckt hier der Holunderzauber aus der Werkstatt von Bernulf Schlauch. Der bärige Mann ist ein Hohenloher mit Ecken und Kanten, der aus seiner Meinung keinen Hehl macht. Und die teilt nicht jeder. Auf einhellige Zustimmung hingegen stößt sein prickelnder Holunderzauber mit nur zwei Prozent Alkohol.

Die in Weidenkörben von Hand gesammelten Blüten setzt Bernulf Schlauch mit Zucker, Wasser, Zitronensäure und Zitronensaft an. Den angegorenen Holundersaft füllt er in Champagnerflaschen ab, in denen der Holunderzauber in Flaschengärung ausreift. Anschließend werden die Flaschen handgerüttelt und nach dem Champagnerverfahren gefiltert. Rosen- und Akazien-

zauber werden im gleichen Verfahren hergestellt, das ist letztlich Geschmackssache.

Zum Picknick auf der Jagstinsel empfiehlt der Holunderzauberer, wie er sich auch nennt, Brezeln. Freilich nicht irgendwelche. »Die besten Brezeln in Hohenlohe macht die Bäckerei Schlötter in Lendsiedel bei Kirchberg an der Jagst«, da duldet Schlauch keine Widerrede. Wer das knackige Gebäck einmal probiert hat, stimmt ihm aus voller Überzeugung zu.

---

**Mosesmühle**
Hürdener Straße 14
74595 Bächlingen
Telefon (0 79 05) 94 00 42
www.mosesmuehle.de

DÖRZBACH | **PFAD DER STILLE**

# *Magische Orte*

Zwischen Hohebach und Dörzbach liegt am Jagstufer die märchenhafte Kapelle Sankt Wendel zum Stein. Wildromantische Geschichten ranken sich um die Höhlengruppe, vor der die spätgotische Wallfahrtskirche in den Jahren 1511 bis 1515 gebaut wurde.

Der Legende nach fand ein Schäfer oberhalb der heutigen Stelle einen Schatz und beschloss, an der Fundstelle eine Kapelle zu bauen. Der Graben war ausgehoben, die Steine behauen, das Holz gerichtet. Doch am nächsten Tag fanden die Handwerker alle Balken und Steine unten auf dem schmalen Streifen zwischen Felswand und Jagstufer. Mühsam schafften sie alles wieder nach oben,

doch am nächsten Morgen lag das Baumaterial wieder unten am Fels. Der Schäfer sah in der wundersamen Begebenheit den Willen Gottes und ließ Sankt Wendel zum Stein am Jagstufer bauen.

Beschirmt ist die Kapelle von einem Felsen aus Kalktuff, in dem sich mehrere Höhlen befinden. Die Marderhöhle etwa war ein ritueller Platz keltischer Kultur. Keltische Funde wie Tonscherben zeugen vom Leben hier vor etwa 2500 Jahren. In der Einsiedlerhöhle hauste im Mittelalter eine Vagabundin, das »Peitschenbabele«. Unter dem nebenstehenden Mesnerhaus entspringt eine Quelle, im Volksmund Kindlesbrunnen genannt, deren Wasser als wundertätig gilt.

Die magische Kapelle Sankt Wendel zum Stein liegt an dem Pfad der Stille, der von Dörzbach im mittleren Jagsttal aus rund um die Gemeinde führt. Er ist mit zwölf Kilometern Länge der kürzeste von vier Pfaden; auch rund um Mulfingen, Krautheim und Schöntal können Romantiker auf den besonderen Touren den Alltagsstress hinter sich lassen und touristische Kleinode erkunden. Sie blühen im Verborgenen und das macht sie so reizvoll. Der Eiskeller in Dörzbach etwa, Höhlen im Muschelkalk, die ein wahres Kühlhaus der Natur darstellen. Oder die Stäffele (deutsch: Treppen) zwischen Dörzbach und Meßbach, auf denen die katholischen Kinder aus Dörzbach jeden Tag in die katholische Schule nach Meßbach und die evangelischen Kinder aus Meßbach jeden Tag in die evangelische Schule nach Dörzbach gehen mussten. Oder die drei Schönhuthlinden in Dörzbach, die der Pfarrer und Dichter Ottmar Schönhuth im Jahr 1842 zum fünfjährigen Maifestjubiläum gepflanzt hat. Eine davon musste 2004 ersetzt werden. Wie 162 Jahre zuvor wurde der junge Baum mit einer Flasche Dörzbacher Wein angegossen. Trotz des besonderen Taufwassers wird es dauern, bis diese Linde die Größe und Fülle ihrer Schwestern erreicht hat.

---

**Gemeindeverwaltung Dörzbach**
Marktplatz 2
74677 Dörzbach
Telefon (0 79 37) 91 19-0
www.pfade-der-stille.de

FORCHTENBERG | **ALTSTADT**

# *Hohenloher Philosophie*

Forchtenberg wird seiner romantischen Kulisse wegen gerne als »Klein-Hall« bezeichnet, was den ausgeprägten Heimatstolz der Bewohner aber verletzt. Ein Zauber umspielt das malerische Städtchen mit seinen engen, steilen Gassen und romantischen Winkeln.

Auf einer Bergzunge zwischen dem Flüsschen Kupfer und dem Fluss Kocher liegt, umgeben von Weinbergen, das hübsche Städtchen Forchtenberg. Eine kleine Stadt mit großer Geschichte: Die mittelalterliche Altstadt mit vollständig erhaltenen Stadtmauern, Würzburger Tor, Diebesturm, Bürgerturm, Fachwerkhäusern, Schlossruine und Kern-Haus alleine ist schon einen Besuch wert. Apropos Kern: Die Forchtenberger Familie Kern, eine der bedeutendsten deutschen Künstlerfamilien des 17. Jahrhunderts, hat in der Michaelskirche eine Kanzel mit einem Selbstbildnis von Michael Kern aus Alabastergips hinterlassen.

Ein städtebauliches Kleinod ist das entzückende Gartenhaus im Amtsgarten eines früheren fürstlichen Amtmanns am Kocherwehr. »Das Gartenhaus wurde um 1700 unter Amtmann Wibel erbaut«, weiß Stadtführer Werner Beck. Durch allmählichen Zerfall zur Ruine geworden, wurde es – finanziell unterstützt vom Amt für Denkmalpflege – 1977 neu aufgebaut. Wer sich traut, kann sich im Sommer an dem romantischen Plätzchen das Ja-Wort geben.

Eine Forchtenberger Besonderheit sind die Themenwege. Gut, einen Bauernhoflehrpfad findet man auch anderswo. Etwas Besonderes ist der Rundweg, der den Widerstandskämpfern Sophie und Hans Scholl gewidmet ist, die aus Forchtenberg stammten. Und auch nur hier gibt es den Hohenloher Mundartweg, er beginnt am Busbahnhof Forchtenberg. Auf zwölf Schildern liefern die nach Themen aufgeteilten Texte Hohenloher Mundart mit einer Über-

setzung ins Hochdeutsche. Selbst Einheimische stehen bisweilen vor den Tafeln und bemühen sich redlich, die Texte zu entziffern: »Hedda se sällwichsmool d'Lait in Baawl jedd sou iwwrzwärch uffgfiahrd, hedda m'r alle minnander aa Schbrooch – un aans kennds andar verschdeen. Naddierlich deeds no's Hoaloisch nedd geewa – un deß wäar a drauriche Sach! Sou had alles zwaa Seida!« Auf gut Deutsch: »Hätten sich die Leute damals in Babel nicht so ungestüm aufgeführt, hätten wir alle miteinander eine Sprache – und einer könnte den anderen verstehen. Natürlich würde es dann das Hohenlohische nicht geben – und das wäre eine traurige Sache! So hat alles zwei Seiten!« Hohenloher Philosophie pur.

---

**STADT FORCHTENBERG**
Hauptstraße 14
74670 Forchtenberg
Telefon (0 79 47) 91 11-0
www.forchtenberg.de

SCHÖNTAL | **KLOSTER**

# *Nacht in einer Mönchszelle*

Schöntal macht seinem Namen alle Ehre: Idyllisch liegt das Kloster im Jagsttal. Das imposante barocke Aussehen verdankt die Klosteranlage vor allem Abt Benedikt Knittel (1650–1732). In den liebevoll restaurierten Mönchszellen kann man sogar übernachten.

Die Abtei wurde im Jahr 1157 von Zisterziensern aus Maulbronn in der für den Orden typischen Tallage gegründet. Das Gelände in Schöntal stellten die Herren von Berlichingen zur Verfügung, die im Gegenzug das Recht der Grablege im Kreuzgang des Klosters erhielten. Das Grab des legendären Ritters Götz von Berlichingen mit der eisernen Hand findet sich im Ostflügel des Kreuzgangs und kann besichtigt werden.

Durch Kriege im 16. und 17. Jahrhundert stark in Mitleidenschaft gezogen, erlebte Kloster Schöntal unter Abt Benedikt Knittel von 1683 bis 1732 eine neue Blüte. Dem Verfasser der berühmten Knittel-Verse verdankt die Anlage vor allem ihr barockes Gesamtbild. In seiner Amtszeit wurde die palastartige Neue Abtei mit dem prächtigen Rokoko-Treppenhaus errichtet. Heute beherbergt das Kloster Schöntal ein Bildungshaus der Diözese Rottenburg-Stuttgart – eine Oase der Erholung und Entspannung.

Man muss sich Zeit nehmen, die Schönheit und die natürliche Ruhe des bezaubernden Ortes aufzunehmen. Vielleicht bei einem Klosterwochenende mit Übernachtung in einer ehemaligen Mönchszelle? Die einst von den Kirchenmännern bewohnten Räume sind wie geschaffen für Stunden fernab von Hektik und Alltagsstress. Hier kann man zu sich kommen: Durch die hohen Bogenfenster fällt warmes Licht auf den honigfarbenen Holzboden, sanfte Rottöne setzen Akzente, über dem Bett sind hohe Deckenbögen zu bewundern. Ein schlichtes Holzkreuz an der Wand erinnert daran, wo wir uns befinden. Das Pauschalangebot umfasst zwei Übernachtungen plus Vollpension (125 Euro pro Person im Doppelzimmer, 145 im Einzelzimmer).

Tagsüber lassen sich die prachtvolle Klosterkirche, die weitläufige Anlage und ihre romantischen Gärten erkunden. Wer mehr über Schöntal erfahren möchte, kann eine der vielen Sonderführungen buchen (Erwachsene 7,50 Euro, Familienkarte 15 Euro). Dann öffnen sich Türen zu Schätzen hinter Klostermauern, Besucher können in Abt Knittels Kochtopf schauen und vom Segen heimischer Wild- und Heilpflanzen für die Klosterküche erfahren oder bei Versen des leidenschaftlichen Abtes im Knittel-Keller einen guten Tropfen Klosterwein genießen. Für Kinder sind spezielle Führungen im Angebot.

---

**Bildungshaus Kloster Schöntal**
Klosterhof 6
74214 Schöntal
Telefon (0 79 43) 8 94-0
www.kloster-schoental.de

## Schwäbisch Hall | **Einkorn**

# *Mehr Blick geht nicht*

Mit 510 Metern ist der Bergsporn namens Einkorn die höchste Erhebung der Gegend. Die Höhenangabe bezieht sich freilich auf »über Normalnull«, den Meeresspiegel. Vom Fuß bis zum Gipfel des Berges sind es nur 120 Höhenmeter.

Vom Einkorn genießt man einen herrlichen Blick auf das schöne Hohenloher Land. Gelbe Getreidefelder, saftige Wiesen, dunkle Wälder und kleine Weiler liegen einem zu Füßen. Ein Paradies auch für die Drachen- und Gleitschirmflieger, die von hier ins Tal hinuntersegeln.

Wer noch weiter schauen möchte, steigt die 137 Stufen hoch auf den hölzernen Aussichtsturm. Er ist im Jahr 1892 auf dem Fundament eines alten Wachturms erbaut worden und wurde in der NS-Zeit für militärische Zwecke genutzt.

Auf dem Einkorn treffen sich Hohenloher Paare oder Familien zum Picknick oder Barbecue an den Grillplätzen. Für Kinder ist ein schöner Spielplatz eingerichtet worden. Im lauschigen Einkorn-Biergarten gibt's kühle Getränke und eine Bratwurst, in der dazugehörigen Wirtschaft feine regionale Speisen und ebensolche Getränke. Immer wieder finden rund um das Einkornhaus Märkte, Jazzfrühschoppen und Konzerte statt.

Einst war der Einkorn ein Wallfahrtsort. Im Jahr 1482 baute das Kloster Comburg auf dem Berg eine Kapelle, die im Jahr 1683 zur Wallfahrtskirche geweiht wurde. Am 6. Mai 1814 schlug der Blitz in das Barockgebäude ein. Es brannte aus und wurde nie wieder aufgebaut. Heute sind nur noch die Ruinen zu sehen.

Woher der Name Einkorn kommt, weiß man nicht genau. Historiker vermuten, dass die erste Erwähnung in einem Dokument aus dem Jahr 1357 ein Schreibfehler war. Vielleicht meinte der Schreiber »Einhorn« – das ist das Wappentier eines Abtes der

Comburg. Andere glauben, dass das Wort »Eichhorn« gemeint war, denn unweit gibt es den Berg Buchhorn.

Um den Einkorn ragen sich viele Sagen. Besonders bekannt ist die vom Jäger Konrad. Er soll seine Seele dem Teufel verkauft haben, um mehr Glück bei der Jagd zu haben. Einer anderen Sagenfigur des Einkorns, dem wilden Rechberger, hat Ludwig Uhland (1787–1862) sogar ein Gedicht gewidmet: »Rechberger war ein Junker keck, / Der Kaufleut und der Wanderer Schreck.«

Begegnungen mit Konrad oder dem wilden Rechberger sind heute so gut wie ausgeschlossen, aber auf Wanderer, Radfahrer und Pilzsuchende trifft man hier zuhauf. Geführte Pilz- oder Kräuterwanderungen samt anschließendem Genießermenü veranstalten im Übrigen die rührigen Einkorn-Gastronomen.

---

**Gasthaus Einkorn**
Einkorn 1
74523 Schwäbisch Hall
Telefon (07 91) 9 46 85 28
www.der-einkorn.de

VELLBERG | **STÄDTLE**

# *Wie aus vergangenen Zeiten*

Am ersten Juliwochenende ist Weinbrunnenfest, am zweiten Dezemberwochenende Weihnachtsmarkt. Das restliche Jahr über wirkt Vellberg auf Besucher wie ein Ort aus vergangenen Zeiten. Höchste Zeit, das romantische Städtchen zu entdecken.

»Städtle« sagen die Vellberger selbst zu der hoch über dem Bühlertal aufragenden, ummauerten Festung, der Kaiser Maximilian bereits im Jahr 1500 die Marktrechte und sechs Jahre später das Stadtrecht erteilt hat. Heute ist die Stadt ein staatlich anerkannter Erholungsort und bietet viel Programm, ist aber dennoch wunderbar verträumt geblieben.

Die aus der Vorburg der Herren von Vellberg entstandene Stadt ist die einzig erhaltene Trutzfeste Nordwürttembergs und

besitzt eine noch fast vollständig erhaltene Befestigungsanlage. Die einzige Zufahrt zur Altstadt führt durch den imposanten Stadttorturm, das höchste Gebäude im Städtle. Besucher sollten Vellberg aber ohnehin zu Fuß erkunden: die liebevoll restaurierten Gebäude rund um den Marktplatz etwa, den gusseisernen Marktbrunnen von 1720, aus dem beim Weinbrunnenfest echter Rebensaft fließt, oder das Ganerbenhaus von 1514. Das älteste Gebäude im Städtle beherbergt übrigens ein Hotel Garni mit zwölf hübschen Zimmern. Ein gut erhaltener, unterirdischer Wehrgang ist heute zu weiten Teilen begehbar und bietet herrliche Ausblicke; im Mittelalter verlief er rings um die Burganlage.

Die 1523 teilweise zerstörte Burg selbst wurde in den Jahren 1543 bis 1546 als Renaissanceschloss mit malerisch wirkenden Treppengiebeln wieder aufgebaut. Der älteste Teil ist die Schlosskapelle, die aus dem 14. Jahrhundert stammt. Angesichts des mittelalterlichen Flairs nimmt es nicht wunder, dass der idyllisch gelegene Ort bei Brautleuten sehr beliebt ist. Schloss mit Bastion und Burggraben bieten zudem eine traumhafte Kulisse für Hochzeitsfotos. Getraut wird im Alten Amtshaus oder stilvoll im Dachgeschoss des Oberen Schlosses.

Auf einem Hügel gegenüber dem Städtle, getrennt durch das tief eingeschnittene Bühlertal, liegt die Stöckenburg. Von der Altstadt aus führt ein ausgeschilderter Fußweg über das Flüsschen hinauf zur Martinskirche. Sehenswert ist hier der spätgotische, aufklappbare Martinsaltar aus der Riemenschneider-Schule.

Noch einen berühmten »Vellberger« kann das Städtle vorweisen: Bei Ausgrabungen wurde kürzlich in einem Steinbruch im Stadtteil Eschenau die älteste Schildkröte der Welt – die 240 Millionen Jahre alte Pappochelys – gefunden.

---

**Stadt Vellberg**
Im Städtle 28
74541 Vellberg
Telefon (0 79 07) 8 77-0
www.vellberg.de

Langenburg | **Wellness**

# *In den Stein gemeißelt*

Ungekannte Aus- und Weitblicke über die fruchtbare Hohenloher Ebene, ins 200 Meter tiefer gelegene romantische Jagsttal oder zum mächtigen Langenburger Schloss hinüber: Auf dem 27 Meter hohen Turm fühlen sich Gäste wie im Himmel und ihm nah.

Nackt wie Adam und Eva sind sie bereits. Denn sie sind im spektakulären, optisch nicht unumstrittenen Highlight mit Sauna und Turmpool der Wellnessanlage Mawell-Resort, die der Langenburger Unternehmer Wolfgang Maier – mit seinem Namen hat er sich in Ma-Well verewigt – an die Hangkante gebaut hat. Der Hohenloher, der sein Geld mit dem Bau von Schweine-, Hühner- und Putenställen macht, hat für sein »Kraftzentrum«, wie er es nennt, keine Kosten gescheut.

Das Mawell ist in den Stein gemeißelt: Weite Teile des 3500 Quadratmeter großen Spa-Bereichs sind in die 200 Millionen Jahre alten Hohenloher Muschelkalkfelsen integriert, auf denen das Resort errichtet wurde. Die Materialien sind vom Feinsten. Maßstäbe setzt auch das Energiekonzept. Das Resort kommt ohne fossile Brennstoffe aus und setzt komplett auf regenerative Energien aus lokalen Quellen. Das hat der Anlage den Energiepreis des Landes Baden-Württemberg eingebracht.

Der Wellness-Gast kann seine Energiespeicher in drei unterschiedlich temperierten Saunaanlagen – neben der Turm- gibt's die Jäger- und die Waldsauna – und in einer Dampfsauna aufladen. Die Salzgrotte lockt in einer Nische mit Peeling in Himalaya-Salz, tiefem Durchatmen im Gradierwerk und anschließendem Bad im geheimnisvoll schimmernden Salzpool. Den mit vielen cremeweißen Liegebetten ausgestatteten Ruhebereich tauchen mit Einsetzen der Dämmerung zahlreiche kleine Kerzen

in romantisches Licht. Wer ganz ungestört sein will, zieht sich zum Ruhen in die hinteren Grotten zurück.

Doch jetzt, in der Dunkelheit, ist eigentlich die beste Zeit, den großen Infinity-Waldpool zu genießen. In dem kantenlosen, in die Waldwipfel hineinragenden Becken hat der Gast den Eindruck, das Wasser würde im Nichts – oder eben in der Unendlichkeit – verschwimmen. Es ist schon ein tolles Gefühl, unter den blinkenden Sternen am Himmel ins dampfend warme Wasser zu gleiten und von der Hangkante aus auf das beleuchtete Schloss in der Ferne zu schauen.

Für 39 Euro darf man in der Zeit zwischen 11 und 20 Uhr die Spa-Anlage nutzen; der Abend-Spa (16.30 bis 20 Uhr) kostet nur 24 Euro. Für eine Badetasche mit großen, flauschigen Tüchern, Bademantel und Badeschuhen sind 5 Euro fällig.

---

**Mawell-Resort**
Roseneck 5
74595 Langenburg
Telefon (0 79 05) 94 14-0
www.mawell-resort.de

*Die Flüsse Kocher und Jagst haben tiefe Täler in die Hohenloher Ebene gegraben und die Region damit zu einem Eldorado für Wanderer und Radfahrer gemacht. Selbst Sportler, die einmal so richtig abheben möchten, finden hier das passende Angebot.*

FAMILIEN
GENUSSMENSCHEN
KULTURFANS
NATURBURSCHEN
QUALITÄTSBEWUSSTE
ROMANTIKER
**SPORTSFREUNDE**

BRAUNSBACH | **KANUFAHREN**

# *Lust auf Natur pur*

Eine Kanutour auf dem Fluss Kocher ist eines der schönsten Erlebnisse, die Hohenlohe zu bieten hat. Je nach Kondition lässt sich der Ausflug aufs Wasser eher geruhsam oder eher sportlich gestalten. Vergnügen macht er in jedem Fall.

Die Paddel tauchen in das ruhige Wasser ein und bewegen das Kanu langsam voran. Es gleitet an sattgrünen Wiesen und dunklen Wäldern vorbei, passiert uralte Weiden und meterhohe Schilfgräser. Seltene Vögel, vielleicht sogar ein blauer Eisvogel begleiten die Fahrt entlang idyllischer Dörfer, Steinbrücken und Wehre, an denen sich ein Stopp geradezu anbietet. Meist müssen die Sportler ohnehin das Kanu umsetzen.

»Hohenlohe ist schöner als der Schwarzwald«, behauptet Stefan Thaidigsmann. Der Ein-Mann-Unternehmer von Hohenlohe Aktivtours aus Braunsbach veranstaltet Kanutouren auf dem Kocher. Das schwere Unwetter vom Mai 2016, das vor allem die Gemeinde Braunsbach gebeutelt hat, hat auch bei ihm seine Spuren hinterlassen und ihn einige Boote gekostet. Doch Stefan Thaidigsmann lässt sich nicht unterkriegen. Wenn der Pegel stimmt (sonst ist das Gebiet zum Schutz der Tier- und Pflanzenwelt gesperrt und Alternativrouten werden angesteuert), können Wassersportfreunde vom 1. April bis zum 4. Oktober zwischen Schwäbisch Hall und Künzelsau den Flusslauf im Kanadier erkunden.

Nach einer 45-minütigen Einführung dürfen die Teams (ab zwei Personen) alleine aufs Wasser. Zwei Kurztouren (sieben und neun Kilometer) sowie zwei Tagestouren (jeweils 16 Kilometer) stehen zur Auswahl; auch ein Zwei-Tage-Programm ist möglich. Der Spaß ist vergleichsweise günstig: Eine Kurztour kostet für Erwachsene ab 23 Euro, eine Tagestour 32 Euro; Kinder bis zwölf Jahre zahlen jeweils die Hälfte, für Jugendliche zwischen 13 und 17 Jahren wird's

20 Prozent billiger. Die Schwimmwesten, eine wasserdichte Gepäcktonne sowie eine Flusskarte werden gestellt.

Radwanderer haben die Möglichkeit, auf ihrer Tour – Braunsbach liegt am beliebten Kocher-Jagst-Radweg – zwischendurch ihre Beinmuskeln für ein paar Stunden zu schonen und ins Kanu umzusteigen. Thaidigsmann bringt die Drahtesel gratis zum Endpunkt der Tour. Gruppen ab 30 Personen können nach der Kanutour stilecht im Lapplandzelt auf der Kocherinsel mit einem dreigängigen Grillmenü den erlebnisreichen Tag ausklingen lassen. Tipps für weitere sehenswerte Ziele rund um die »Perle im Kochertal« (so der Braunsbacher Slogan) hat Thaidigsmann als Naturparkführer natürlich auch parat.

---

**Hohenlohe Aktivtours**
Geislinger Straße 1
74542 Braunsbach
Telefon (01 70) 8 43 92 26
www.hohenlohe-aktiv-tours.de

BÜHLERTANN | **RADFAHREN**

# *Knackige Tagestour*

Der Kocher-Jagst-Radweg zählt zu den bekanntesten Radwegen in Deutschland. 330 Kilometer lang, führt er durch die abwechslungsreiche Landschaft Hohenlohes. Eine »knackige Tour« am Rande empfiehlt Radlerfreund Stefan: die so genannte Bühlerschleife.

Rund sieben Stunden dauert die 94,7 Kilometer lange Rundtour, die zu den Flüssen Bühler, Kocher und Jagst führt. Da braucht's schon einiges an Kondition. Für ihre Ausdauer werden die Radsportler mit malerischen Landschaften, stillen Wäldern und ursprünglichen Dörfern reich belohnt.

Die Bühlerschleife startet am Parkplatz Lohmühlenweg in dem katholisch geprägten Ort Bühlertann, der als hohenlohi-

sche Fastnachtshochburg weit bekannt ist. Nach einem geruhsamen Stück über offene Feld- und Wiesenlandschaft geht's schon steil hinauf in die Wälder der Limpurger Berge und nach einer langen Schattenfahrt durch den dichten Mischwald noch steiler hinunter nach Sulzbach-Laufen. Entlang des Kochers führt die Tour nach Bröckingen und auf einem Radweg parallel zur Bundesstraße ins mittelalterliche Städtchen Gaildorf, dessen hübsches Schloss sich für einen Stopp anbietet.

Jetzt ist wieder Muskelkraft gefragt: Einige Kilometer flussabwärts verlässt der Weg das Kochertal und steigt auf zu den Limpurger Bergen, um anschließend wieder nach Obersontheim und damit zurück ins Bühlertal zu führen. Über einen kurzen, steilen Anstieg gelangen die Radler hinauf auf die Ellwanger Berge und bis nach Jagstheim, von wo sie dem Verlauf der Jagst in südlicher Richtung folgen. Nach Jagstzell, das Jagsttal wieder verlassend, führt die Tour vorbei am schön gelegenen Orrotsee. Jetzt sind fast 80 Kilometer geschafft – Zeit für einen Sprung ins kühle Nass oder eine kleine Rast auf der Liegewiese.

Nach der Erfrischung und einem Anstieg im Wald geht es mal rauf, mal runter durch eine hügelige Landschaft weiter bis nach Willa. Ein kleines Stück folgt die Tour dem Tal der Blinden Rot, einer der reizvollsten Tallandschaften des Keuperberglands. Mit schönen, weiten Blicken über die Hohenloher Ebene gelangen die Radler zurück zum Ausgangspunkt nach Bühlertann.

Wer noch nicht genug hat, kann kurz vor dem Abschluss der Tour noch zur hoch gelegenen Tannenburg radeln. Auf der schönen Burganlage aus dem 12. Jahrhundert betreibt Familie Zipperer einen Biobauernhof. Erschöpfte Radler können in historisch möblierten Zimmern oder im Tipi auf dem Burgwall ihr Haupt betten.

---

**Gemeinde Bühlertann**
Hauptstraße 12
74424 Bühlertann
Telefon (0 79 73) 96 96-0 (Rathaus)
www.hohenlohe-schwaebischhall.de
(Stichwort Bühlerschleife)

HOHENLOHE | **WANDERREITEN**

# *Trails für Sattelfeste*

Hohenlohe ist nicht nur ein Radler-, sondern auch ein Reiterparadies: Wer die herrlichen Kulturlandschaften auf dem Rücken eines Pferdes durchstreifen will, kann auf einem der vielen Reiterhöfe anfragen oder eine geführte Mehrtagestour buchen – vorausgesetzt, man ist sattelfest.

Drei bis fünf Jahre Erfahrung setzt Stefan Eisenreich schon voraus. »Wir machen hier Reitsport«, betont der Rheinländer, der unter der Marke Wanderreiten Hohenlohe seit fünf Jahren Wanderritte rund um Tauber und Jagst veranstaltet: »Bis zu acht Stunden im Sattel, das ist anstrengend.« Vier Touren bietet er an: Zwei-Tages-Ritte (Drei-Täler-Trail, Höhenwege an der Jagst) und Vier-Tages-Ritte (Wiesenzauber-Trail, Jagsttal-Trail).

Eine Gruppe besteht aus maximal fünf Reitern und einem erfahrenen Guide, Sylvia aus Althausen bei Bad Mergentheim etwa, ausgebildete Pferdewirtschaftsmeisterin und Wanderrittführerin. Trittsichere und ausgeglichene Wanderreitpferde sind Voraussetzung. »Wir finden immer das richtige Pferd für den jeweiligen Reiter«, sagt sie. Eisenreich ergänzt: »Wer bei uns eine Tour führt, ist Profi und kann die Leute einschätzen.« Das ist wichtig, denn ein Teilnehmer, der sich überschätzt hat, kann der ganzen Gruppe den Trail verderben. Zur Sicherheit wird jeder Wanderritt von einem Fahrzeug begleitet, das Proviant und Gepäck der Reiter an Bord hat und einen Pferdehänger mitführt.

Los gehen die Touren früh am Morgen. Um die Mittagszeit ist eine Rast meist an einem Grillplatz eingeplant. Dabei setzt das Wanderreiten Hohenlohe auf Hohenloher Spezialitäten. »Wir kaufen möglichst nur regionale Produkte ein«, sagt Eisenreich, »meine Frau macht selbst die Salate.« Dazu gibt's Säfte von Streuobstwiesen. Übernachtet wird in einfachen Doppelzimmern in al-

ten Landgasthöfen, und das aus gutem Grund: »Die hatten schon immer die Möglichkeit, Pferde unterzustellen.« Das ist einer der Vorteile, die die ländliche Region Hohenlohe (noch) bietet.

Und viel unberührte Natur. Die gilt es auch zu bewahren. In Abstimmung mit Naturschutz- und Forstbehörden arbeitet der Veranstalter die Touren aus und stimmt sie jährlich neu ab, damit es unterwegs keinen Ärger gibt. Radwege beispielsweise sind für Reiter tabu, sagt Eisenreich. Die minutiöse Vorbereitung der Touren hat natürlich ihren Preis: Zwischen 385 Euro für eine Zwei-Tages-Tour und 810 Euro für eine Vier-Tages-Tour kostet ein geführter Wanderritt – alles inklusive.

Über mangelnden Zuspruch kann der Veranstalter dennoch nicht klagen. Nahezu alle Touren sind ausgebucht – Interessenten sollten also früh anfragen. »Viele sind Wiederholungstäter«, sagt Sylvia und lacht, »die haben dann schon ihr Lieblingspferd.«

---

**WANDERREITEN HOHENLOHE**
Stefan Eisenreich
Schulstraße 14
74599 Wallhausen
Telefon (0 79 55) 47 67 27
www.wanderreiten-hohenlohe.de

INGELFINGEN | **BOGENSCHIESSEN**

# *Sicherheit geht vor*

Wer den Traditionellen Bogenparcours Hohenlohe ansteuern will, sollte ein Navi an Bord haben – Diebach, Vogelsangstraße – oder muss sich durchfragen. Das weitläufige Gelände befindet sich ziemlich versteckt oberhalb des Örtchens Diebach.

Am Wald entdecken wir endlich das Schild, das den Weg zum Traditionellen Bogenparcours Hohenlohe weist. Am Einschießplatz steht ein hohes Zelt samt Grillstelle, ein großes Totem (Big Hunter) und die Basishütte. Wir sind mit Eberhard Mugler verabredet. Der Endfünfziger ist zertifizierter Trainer des Deutschen Feldbogen Sportverbands und Betreiber der 40 Hektar großen Anlage. Hier sind versierte Schützen wie Neueinsteiger gleicher-

maßen willkommen. Wer den Bogen bereits beherrscht, kann eine Tageskarte (Erwachsene 12 Euro, Jugendliche 8 Euro) lösen, trägt sich in das so genannte Schießbuch ein und kann anschließend selbstständig die 31 Stationen auf dem weitläufigen Gelände durchlaufen. »Das Protokoll ist wichtig, denn so weiß ich, wer auf dem Parcours unterwegs ist«, erklärt Mugler: »Sicherheit geht vor, wir sind seit 2008 hier und unfallfrei.«

Auf dem Traditionellen Bogenparcours Hohenlohe steht der jagdliche Aspekt des Bogenschießens im Vordergrund. Ein Rundgang macht klar, was darunter zu verstehen ist. Auf einer Wiese steht ein Wildschwein aus Pappmaché, das der Schütze aus drei nach Schwierigkeit gestaffelten Positionen »erlegen« kann. Schwieriger wird's am Rand einer Waldklinge. Wir treffen auf drei junge Männer, die es auf ein bewegliches Ziel abgesehen haben. An einem Drahtseil lassen sie einen (Kunst-)Vogel über den Bach fliegen. Da sind ein gutes Auge und blitzschnelle Reaktion gefragt – und schon sitzt der Pfeil im Körper der Attrappe. »Prima gemacht«, lobt Mugler den jungen Bogenschützen. Er erklärt: In Deutschland ist es verboten, auf lebende Tiere zu schießen, ein Bogen ist daher keine Jagdwaffe, sondern ein Sportgerät.

Bogenschießen ist in der Tat ein Sport, der gute Körperbeherrschung voraussetzt. Mugler hält es mit Eugen Herrigels »Zen in der Kunst des Bogenschießens«: Wer das Geheimnis der »kunstlosen Kunst« des Bogenschießens beherrscht, der entdeckt auch das Geheimnis der Kunst des Lebens. »Anmut, nicht Kraft ist wichtig«, erklärt der sportliche Mann und demonstriert den fließenden Bewegungsablauf. Der Selbsttest geht schon mal gründlich in die Hose. Beim Bogenschießen macht eben Übung den Meister.

---

**TRADITIONELLER BOGENPARCOURS HOHENLOHE**
Eberhard Mugler
Im Fels 11
74653 Ingelfingen-Diebach
Telefon (0 62 94) 4 28 88 35
www.bogenparcours-hohenlohe.de

LANGENBURG | **KLETTERN**

# *Im Forst des Fürsten*

Achtung, fliegende Menschen: Der Waldkletterpark Hohenlohe bei Schloss Langenburg bietet Fun-Parcours mit einer Gesamtlänge von rund 1,7 Kilometern mit 90 verschiedenen Elementen für Jung und Alt, Groß und Klein.

Vor zehn Jahren hat Philipp zu Hohenlohe-Langenburg das fürstliche Familienunternehmen um eine Attraktion und damit um eine Einkommensquelle erweitert: Neben dem Schloss- und dem Automuseum soll der Waldkletterpark Hohenlohe Touristen ins schöne Jagsttal locken. Sie werden nicht enttäuscht: Die Anlage liegt inmitten eines im 18. Jahrhundert auf dem Gelände von Schloss Langenburg angelegten Landschaftsparks mit mächtigen Eichen und Buchen und ist nicht nur für Sportsfreunde, sondern auch für Naturliebhaber ein lohnenswertes Ziel.

Schon von weitem sind laute Rufe und Lachen zu hören. Plötzlich rast aus dem dichten Grün ein Mann mit Helm und Gurt an einer Seilrutsche vorbei und landet mit einem gewaltigen Sprung auf einer Plattform. Unser Pfad führt bergab ins Zentrum des Waldkletterparks. Rund um das Blockhaus mit Kasse und Aussichtsterrasse ist viel los. Am Einweisungsparcours zeigt eine Trainerin einer Gruppe von zehn Jungs und Mädchen mit Geschirr und Helm, wie sie sich im Kletterpark bewegen und sichern. Erst die Rolle einklinken, dann den Karabinerhaken – »klick, klick, klick« üben die Kids mit vor Eifer geröteten Wangen.

Dann erst dürfen sie loslegen. Ritter-Rezzo-Steige heißt der Einstieg für Kinder ab elf Jahren und alle, die das Klettern erst mal ausprobieren möchten. Es sieht einfacher aus, als es ist, in einer Höhe zwischen drei und fünf Metern über dem Boden wie Indiana Jones über eine Wackelbrücke zu laufen. Ist der Einstiegsparcours gemeistert, wartet der Dachsbau auf den Klette-

rer – samt frei schwingender Balkenbrücke, Holzröhre und dem so genannten flea jump, bei dem es in einem Satz von einer Plattform zur nächsten geht. Stetig steigt der Schwierigkeitsgrad an und fordert den Sportlichen immer mehr Mut und Fitness ab. Wer beides mitbringt, wagt sich im schwersten Parcours zuletzt auf Jagstklinge, Felswandgrat und Falkenflug mit bis zu 16 Meter Standhöhe und Distanzen von bis zu 140 Meter.

Klettergerechte Kleidung und geschlossene Schuhe sind natürlich Pflicht. Drei Stunden Klettern kostet Erwachsene 21 Euro, Kinder von sechs bis zehn Jahren zahlen 14 Euro, ab elf Jahren 18 Euro; für Familien (ab drei Personen) kommt das Vergnügen billiger.

---

**Waldkletterpark Hohenlohe**
Schloss 1
74595 Langenburg
Telefon (0 79 05) 9 41 90 33
www.waldkletterpark-hohenlohe.de

OBERROT | **MOTORRADFAHREN**

# *Im Land der Kurven*

Dank der Täler von Kocher, Jagst und den Nebenflüssen ist das Hohenloher Land wie geschaffen für Motorradtouren. Sibylle und Richard Hertlein aus Kornberg empfehlen ihre Lieblingsstrecke durch den Mainhardter Wald und die Waldenburger Berge.

Sibylle Hertleins Motorrad heißt »Bine« und ist eine MZ, eine Rarität aus Zschopau; Richard Hertlein fährt eine KTM. 2008 haben die beiden den Motorradführerschein gemacht – »auf der Suche nach einem gemeinsamen Hobby«, erzählt er. Seither verbringen die beiden bei schönem Wetter jedes freie Wochenende mit Touren rund um ihre Heimat, den Weiler Kornberg bei Oberrot (Kreis Schwäbisch Hall).

Die Hertleins bezeichnen sich als Genussfahrer. Große Touren mit 1000 Kilometern und mehr sind ihre Sache nicht. Abseits der Hauptstrecken auf kleinen Straßen die schöne Landschaft Hohenlohes zu entdecken, macht ihnen am meisten Spaß – wie auf der zweieinhalbstündigen »Bikerinnen-Tour« durch den Mainhardter Wald und die Waldenburger Berge. Sibylle Hertlein verspricht »gefühlte 823 Kurven«.

Startpunkt – der Einstieg ist natürlich von jeder Stelle möglich – für die Hertleins und Bikerfreund Heiko ist Kornberg. Die kurvenreiche Straße den Berg hinunter ins Rottal führt vorbei am kleinen Sägmühlmuseum (das allerdings nur auf Anfrage geöffnet ist) und dann in Richtung Westen über Marbächle und Mannenweiler entlang der Deutschen Limesstraße. Über Murrhardt – das liegt bereits im Rems-Murr-Kreis, aber mit dem Motorrad ist der Radius eben größer –, Sulzbach und durchs Lautertal geht's hinauf auf die Höhe zur Löwensteiner Platte (Kreis Heilbronn). Sie ist einer der beliebtesten Bikertreffpunkte der Region und bietet einen fantastischen Blick ins Sulmtal, Fachgespräche mit anderen Bikern inklusive.

Über den Luftkurort Mainhardt fahren die Motorradfans ins Brettachtal hinunter nach Pfedelbach. Über Oberohrn und Obersteinach geht's zum »Balkon Hohenlohes«: Waldenburg. Von dem auf einem Bergsporn gelegenen Städtchen, dem nördlichsten Punkt der Rundtour, bietet sich ein grandioser Ausblick bis zum Odenwald und zur Frankenhöhe. Die Rückfahrt führt über Bauerndörfer – Gnadental, Michelfeld, Bibersfeld und Sittenhardt – wieder zurück ins Rottal.

Viel Muße für Motorradtouren hat das Paar freilich nicht. Beide sind berufstätig und bewirtschaften in ihrer Freizeit zudem die Eventscheuer Kornberger Viehstall. Dort können Gruppen eine Bauernolympiade mit Maultaschenbüfet buchen.

---

**KORNBERGER VIEHSTALL**
Kornberg 9
74420 Oberrot-Kornberg
Telefon (0 79 77) 9 11 99 33
www.kornberger-viehstall.de

SCHWÄBISCH HALL | **TANDEMGLEITSCHIRM**

# *Im freien Fall*

Mutige können am Flughafen Weckrieden bei Schwäbisch Hall einen Tandemsprung wagen. Nach einem 15-minütigen Steigflug in einer Cessna ist der Absprung zu bewältigen – dann segelt das Team rund fünf Minuten lang unter dem geöffneten Gleitschirm zur Erde.

Ute (50) springt zum ersten Mal. Ihre Augen glänzen vor Vorfreude: »Tandemspringen steht auf der Liste mit Dingen, die ich in meinem Leben gemacht haben möchte«, erzählt sie aufgeregt. Im roten Overall und mit Gurtzeug steht sie neben ihrem Tandempartner Peter. Der trägt den 20 Kilogramm schweren Rucksack, in dem Haupt- und Reserveschirm verstaut sind. »Jeder Schirm hat etwa 40 Quadratmeter Fläche«, erklärt Peter noch, checkt ein letztes Mal die Gurte und Karabiner seiner Partnerin, dann dirigiert er sie in Richtung Flugzeug.

Die Einweisung hat nur zehn Minuten gedauert: Ute lernte, wie sie sich beim Anstieg hinsetzen soll, wie sie beim Absprung in die Bauchlage kommt und wie sie bei der Landung ihren Po als Polster einsetzt. Mit einem zweiten Team klettern die beiden schließlich in die weiß-blaue Cessna, die Maschine startet. Christian Scheuermann, dessen Firma Blue Sky Adventures die Tandemflüge am Sitz des Para Clubs Hall veranstaltet, lässt uns in eines der Flugzeuge schauen. Der Boden ist mit einer dicken Matte ausgelegt, die Einstiegsklappe ist aus transparentem Material. Er schwärmt: »Man sitzt bereits beim Steigflug im Freien und hat eine herrliche Aussicht.«

Wenn das Flugzeug die Höhe von 4000 Metern erreicht hat, wird die Klappe geöffnet. »Da rauscht's dann kräftig, der Wind zerrt am Overall«, beschreibt Scheuermann. Dann springt das fest miteinander verbundene Tandem – der Passagier vorne, den Piloten auf dem

Rücken – ins Nichts. »Im freien Fall kommt man in fünf Sekunden schon auf 200 Kilometer pro Stunde«, erzählt der Chef.

Auf einer Höhe von etwa 1500 Metern öffnet der Pilot den Schirm, es gibt einen kräftigen Ruck und der gemeinsame Gleitflug zur Erde beginnt. Nach rund fünf Minuten landet Peter mit seiner Passagierin sicher auf der grünen Wiese. Ute befreit sich strampelnd aus den Stoffbahnen des Schirms, winkt ihrer Familie zu und jubelt: »Das ist der Hammer, ich würde am liebsten gleich noch mal springen.« Dafür ist das Vergnügen allerdings ein wenig zu teuer. 199 Euro (wochentags) kostet ein Sprung, am Wochenende etwas mehr. Für Ute, das ist mal sicher, bleibt es ein unvergessliches Erlebnis.

---

**FLUGPLATZ WECKRIEDEN**
74523 Schwäbisch Hall
Telefon (07 11) 51 28 74 (Terminvereinbarung)
www.paraclub.de

# Weitere Adressen

**Hohenlohe + Schwäbisch Hall Tourismus e. V.**
Münzstraße 1
74523 Schwäbisch Hall
Telefon (07 91) 755-74 44
info@hs-tourismus.de
www.hohenlohe-schwaebischhall.de

**Touristikgemeinschaft Hohenlohe e. V.**
Allee 16
74653 Künzelsau
Telefon (0 79 40) 18-206
info@hohenlohe.de
www.hohenlohe.de

**Stadt Schwäbisch Hall**
Am Markt 9
74523 Schwäbisch Hall
Telefon (07 91) 751-246
touristik@schwaebischhall.de
www.schwaebischhall.de

**Stadt Crailsheim**
Marktplatz 1–2
74564 Crailsheim
Telefon (0 79 51) 403-0
tourismus@crailsheim.de
www.crailsheim.de

**Stadt Bad Mergentheim**
Marktplatz 1
97980 Bad Mergentheim
Telefon (0 79 31) 57 48 15
tourismus@bad-mergentheim.de
www.bad-mergentheim.de

**Stadt Öhringen**
Marktplatz 15
74613 Öhringen
Telefon (0 79 41) 68-118
tourist@oehringen.de
www.oehringen.de

**Stadt Künzelsau**
Stuttgarter Straße 7
74653 Künzelsau
Telefon (0 79 40) 129-0
info@kuenzelsau.de
www.kuenzelsau.de

# Buchtipps

**Siegfried Baier:** Das Hohenloher Land. Baier Verlag, Crailsheim, 2001.

**Ute Böttinger:** Hohenlohe pur genießen! Für Feinschmecker, Reingeschmeckte und Eingefleischte. Gmeiner Verlag, Meßkirch, 2015.

**Brunhilde Bross-Burkhardt:** Gärten an Kocher, Jagst und Tauber. Ein Reiseführer ins Grüne. Silberburg-Verlag, Tübingen, 2016.

**Brunhilde Bross-Burkhardt:** Hohenlohe – Der Reiseführer. Swiridoff Verlag Künzelsau, 2004.

**Dieter Buck:** Ausflugsziel Hohenlohe. Silberburg-Verlag, Tübingen, 2011.

**Bernd Kunz:** Die Bühler von der Quelle bis zur Mündung. Swiridoff Verlag, Künzelsau, 2003.

**Bernhard H. Lott:** Die Jagst von der Quelle bis zur Mündung. Swiridoff Verlag, Künzelsau, 2000.

**Bernhard H. Lott:** Der Kocher von der Quelle bis zur Mündung. Swiridoff Verlag, Künzelsau, 2002.

**Bernhard H. Lott:** Die Tauber von der Quelle bis zur Mündung. Swiridoff Verlag, Künzelsau, 2005.

**Emmerich Müller:** Wandern und Einkehren. Hohenlohe. Drei Brunnen Verlag, Stuttgart, 2015.

**Hans Konrad Schenk:** Hohenlohe. Vom Reichsfürstentum zur Standesherrschaft. Swiridoff Verlag, Künzelsau, 2006.

**Rudolf Schlauch:** Hohenlohe Franken. Glock und Lutz Heroldsberg, 1980.

**Rudolf Schlauch:** Eine Reise durch Hohenlohe. Geschichte, Kunst, Kultur. Die schönsten Betrachtungen des Pfarrers und Schriftstellers Rudolf Schlauch. Baier Verlag, Crailsheim, 2009.

**Lothar Schwandt:** Alles was man in Hohenlohe erlebt haben muss. Silberburg-Verlag, Tübingen, 2014.
**Wulf Wager:** Hammeltanz und Bossanacht. Ein Führer zu den schönsten Festen und Bräuchen in Baden-Württemberg. Silberburg-Verlag, Tübingen, 2012.
**Erhard Weis:** Die Kupfer von der Quelle bis zur Mündung. Swiridoff Verlag, Künzelsau, 2001.

# Bildnachweis

Titelfoto: #### · S. 2/3: Skydive Stuttgart · S. 11: Tanja Kurz · S. 12/13: Tanja Kurz · S. 15: Wildpark Bad Mergentheim · S. 16: Tanja Kurz · S. 19: Gemeine Mainhardt · S. 20: Tanja Kurz · S. 23: Tanja Kurz · S. 24: BESH/ David Stifani · S. 27: Tanja Kurz · S. 28/29: Tanja Kurz · S. 28/29: Tanja Kurz · S. 31: Gasthof zum Löwen/Ufuk Arslan · S. 32: Gasthaus zum Löwen · S. 35: Weinstube Winkler · S. 36: Tanja Kurz · S. 39: Landgasthof & Hotel Jagstmühle · S. 40: Restaurant Ohso · S. 43: Landhaus Rössle · S. 44/45: Freilichtspiele Schwäbisch Hall · S. 47: Herrgottskirche Creglinen · S. 48: Hohenloher Kultursommer, Eröffnungskonzert Schloss Neuenstein: Silke Aichhorn, Harfe/Wernhild Baars · S. 51: Würth/Andi Schmid · S. 52: Gerhards Marionettentheater · S. 55: Freilichtspiele Schwäbisch Hall · S. 56: Staatliche Schlösser und Gärten Baden-Württemberg · S. 59: Landesmedienzentrum Baden-Württemberg · S. 60/61: BESH · S. 63: Rieger-Hofmann GmbH · S. 64: Tanja Kurz · S. 67: Tanja Kurz · S. 68: Golfclub Oberrot-Frankenberg · S. 71: Tanja Kurz · S. 72: Tanja Kurz · S. 75: BESH/Roland Bauer · S. 76/77: BESH · S. 79: Bender Eis · S. 80: Tanja Kurz · S. 83: Dorfkäserei Geifertshofen · S. 84: Schafkäserei Langenburg · S. 87: Weingärtner Markelsheim · S. 88: BESH/Roland Bauer · S. 91: Tanja Kurz · S. 92/93: Mawell Ressort · S. 95: Tanja Kurz · S. 96: Tanja Kurz · S. 99: Tanja Kurz · S. 100: Staatliche Schlösser und Gärten Baden-Württemberg · S. 103: Tanja Kurz · S. 104: Stadt Vellberg · S. 107: Mawell Ressort · S. 108/109: Tanja Kurz Seiten 111: Hohenlohe Aktivtours · S. 112: Hohenlohe + Schwäbisch Hall Tourismus/Michael Schultz · S. 115: Wanderreiten Hohenlohe · S. 116: Tanja Kurz · S. 119: Tanja Kurz · S. 120: Kornberger Viehstall · S. 123: Skydive Stuttgart